expo 1

Jon Meier   Gill Ramage

D1465276

Heinemann

Heinemann Educational Publishers
Halley Court, Jordan Hill, Oxford OX2 8EJ
Part of Harcourt Education

Heinemann is the registered trademark of Harcourt Education Limited

© Jon Meier and Gill Ramage 2003

First published 2003

07 06 05
10 9 8 7 6

British Library Cataloguing in Publication Data is available from the British Library on request.

ISBN 0 435 38473 2

Copyright notice

Produced by Ken Vail Graphic Design, Cambridge

Illustrations by **Advocate** (Chris Embleton), **Beehive Illustration** (Theresa Tibbetts), **Graham-Cameron Illustration** (David Benham), **Illustration Limited** (Frederico Botana), **New Division** (Jessie Eckle, Monica Laita, Sean Sims), **Sylvie Poggio Artists Agency** (Nick Duffy, Roger Langridge, Mark Ruffle), **Young Digital Poland** (Robert Jaszczurowski)

Original illustrations © Harcourt Education Limited 2003

Printed and bound in China Translation & Printing Services LTD.

Cover photo: © Getty

Acknowledgements

The authors would like to thank Helen, Rachel and Daniel, Françoise Baujard and the pupils of Collège Paul Fort, Is-sur-Tille, Pete Milwright, Anne McIntosh, Paula Trott, Nathalie Barrabé, François Casays at Accès Digital and the students of the Association Cours D'Art Dramatique, Rouen, Sue Mushin, Kathryn Tate, Tracy Traynor, Claire Trocmé, Annie Austin for their help in the making of this course.

Song lyrics by Jon Meier and Gill Ramage

Music composed and arranged by John Connor

Songs performed by "Les Loups Rouges" (John Connor, Pete O'Connor and Dick Churchley), vocals by Caroline Crier

Recorded at Gun Turret Studios, Bromsgrove. Engineered by Pete O'Connor

The authors and publishers would like to thank the following for permission to reproduce copyright material: **Astérix, Idéfix, Obélix,** © 2003 – LES EDITIONS ALBERT RENE/ GOSCINNY-UDERZO, p.6 (Astérix), p.38 (Astérix, Idéfix, Obélix), **Boule et Bill** extrait de: 60 gags de Boule et Bill 3, Le beau et la bête, © Boule & Bill ® International sa – 2003 d'après Roba, p.38, **Gaston Lagaffe** © MARSU BY FRANQUIN 2003 – www.gastonlagaffe.com, p.38, **Tintin & Milou** © Hergé/Moulinsart 2003, p.38

Photographs were provided by **Alamy** p.30 (cat & dog), p.74 (la Cité des Sciences), **Bridgeman** p.6 (Marie-Antoinette), **Trevor Clifford/Harcourt** p.30 (rabbit), **Corbis** p.6 (Céline Dion), p.22, p.93, p.30 (cat, dog, snake, budgerigar), p.64 (campsite), p.57 (football) p.74 (Eiffel Tower, The Louvre, Notre-Dame, Arc de Triomphe, Pompidou Centre, Sacré-Cœur), p.40, p.83, p.106 (sailing, windsurfing, camping, horseriding, mountain biking, French château, fishing – all except canoeing), **Empics** p.6, (Thierry Henry, Gérard Houllier, Fabien Barthez), p.57 (Thierry Henry, Zinedine Zidane, Patrick Vieira, Marcel Desailly, Djibril Cissé, Fabien Barthez), p.74 (Stade de France), **Getty** p. 44 (Nice), **Keith Gibson** p.6, p.9, p.11, p.26, p.81, p.82, p.106 (canoeing), **Images of France** p.44 (Holnon, Briançon), **Danielle Jouhandin** p.27, p.92, p.98, **Martinique Tourist Office** p.58, **Photodisc** p.30 (guinea pig, fish, hamster, mouse, tortoise, spider), p.64 (bowling alley, swimming pool), p.44 (Notre-Dame), **PhotoObjects** p.94, **Martin Sookias** p. 64 (school). All other photographs are provided by **Steve J. Benbow** and Harcourt Education Limited.

Every effort has been made to contact copyright holders of material reproduced in this book. Any omissions will be rectified in subsequent printings if notice is given to the publishers.

Tel: 01865 888058   www.heinemann.co.uk

Table des matières

Module 3   Chez moi

Module 4   On va en ville

Module 5   Ma journée

Module 6   On s'amuse

C'est parti!

1 *Bonjour!* Meeting people
Using the pronouns *je* and *tu*

Comment t'appelles-tu?

Bonjour! Je m'appelle Thomas.

Thomas

Bonjour! Je m'appelle Yasmina.

Yasmina

Salut! Je m'appelle Luc.

Luc

Bonjour! Je m'appelle Chloé.

Chloé

Salut! Je m'appelle Élodie.

Élodie

Bonjour! Je m'appelle Hakim.

Hakim

1 **Qui parle? Note le prénom. (1–6)**
Who is speaking? Note down the name.

Exemple: **1** Chloé

2 **Qui est-ce? Copie et complète.**
Who is it? Copy and complete.

1 *Je m'appelle …*

2 *Je m'appelle …*

3 *Je m'appelle …*

4 *Je m' …*

5 *Je …*

6 *…*

| Marie-Antoinette |
| Astérix |
| Céline Dion |
| Thierry Henry |
| Gérard Houllier |
| Fabien Barthez |

3 Ça va? Note ☺, ☻ ou ☹. (1–6)
How are you? Note down ☺, ☻ or ☹.

Exemple: **1** ☹

When you ask a question in French, your voice goes up.

Comment t'appelles-tu?

Ça va?

4 Note Q (Question) ou R (Réponse). (1–8)
Note down Q (Question) or R (Answer).

Exemple: **1** Q

5 À deux. Lis la conversation.
In pairs. Read the conversation.

- ■ Bonjour, comment t'appelles-tu?
- ● Je m'appelle **Paul**. Comment t'appelles-tu?
- ■ Je m'appelle **Marianne**. Ça va, **Paul**?
- ● **Ça va bien, merci**. Et toi, **Marianne**, ça va?
- ■ **Bof! Pas mal.**
- ● Au revoir.
- ■ Au revoir.

Marianne   Paul

6 À deux. Répète la conversation mais change les détails.
Repeat the conversation but change the details.

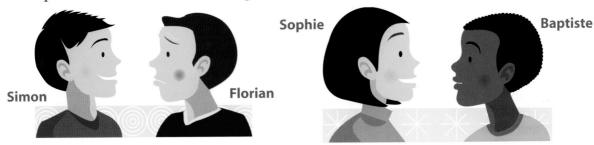

Sophie   Baptiste

Simon   Florian

7 À deux. Répète la conversation pour toi et ton/ta partenaire.
Repeat the conversation for you and your partner.

8 Écris une conversation entre deux personnes célèbres.
Write a conversation between two famous people.

a un sac

b un stylo

c un crayon

g un portable

h un porte-monnaie

f un carnet de textes

d un livre

e un cahier

CAHIER

i une trousse

j une gomme

k une calculatrice

l une règle

écouter

1 **Note les objets dans le bon ordre. (1–12)**
Note down the objects in the right order.

Exemple: 1 i

parler

2 **À deux. Indique l'objet. Qu'est-ce que c'est?**
In pairs. Point to the object. What is it?

Exemple: ■ Qu'est-ce que c'est?
● C'est une règle.

lire

3 **Fais correspondre chaque liste avec un sac.**
Match up each list to a bag.

j'ai = I have

Exemple: 1 b

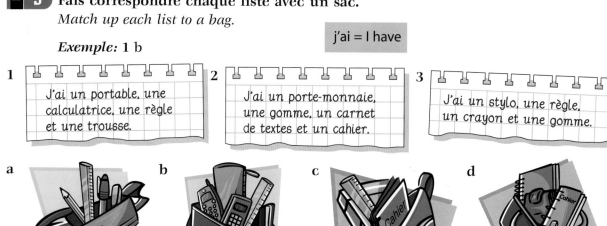

1 J'ai un portable, une calculatrice, une règle et une trousse.

2 J'ai un porte-monnaie, une gomme, un carnet de textes et un cahier.

3 J'ai un stylo, une règle, un crayon et une gomme.

a

b

c Cahier

d Cahier

4 Qu'est-ce qu'il y a dans le sac qui reste? Écris une liste.
What is in the bag which is left over? Write a list.

5 Copie la grille et mets les mots dans la bonne colonne.
Copy the grid and put the words in the right column.

masculin	féminin
un stylo	

une banane

une règle   un sac   un CD   une cassette

un crayon   un stylo   une trousse   un sandwich

Expo-langue

In French, all nouns are masculine or feminine.
There are two words for *a*:

masculin	féminin
un sac	**une** trousse

Pour en savoir plus ▶ page 129 (1.1)

6 Écoute et répète.
Listen and repeat.

L'alphabet  A B C D E F G H I J K L M N O P Q R S T U V W X Y Z

7 Écoute et note la lettre qui manque. (1–8)
Listen and note down the missing letter.

Exemple: **1** F

8 Qui est-ce? (1–6)
Who is it?

Exemple: **1** Hakim

9 À deux. Répète la conversation.

- ■ Comment t'appelles-tu?
- ● Je m'appelle ...
- ■ Comment ça s'écrit?
- ● Ça s'écrit ...

Expo-langue

Watch out for letters which have *accents* on them.
é accent aigu = *acute accent*
è accent grave = *grave accent*

Pour en savoir plus ▶ page 143 (5.2)

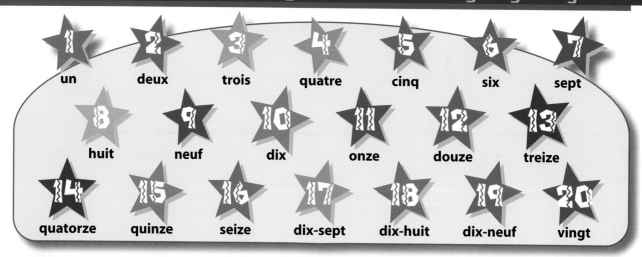

un	deux	trois	quatre	cinq	six	sept
huit	neuf	dix	onze	douze	treize	
quatorze	quinze	seize	dix-sept	dix-huit	dix-neuf	vingt

écouter **1** **Écoute et répète.**

écouter **2** **Écoute et répète.**

quatre … quatorze … quinze … qui … quel

The letters *qu* in French sound like '*k*' in English.

écouter **3** **Écris le prochain nombre. (1–10)**
Write the next number.

Exemple: **1** sept

écrire **4** **C'est quel nombre?**
What number is it?

1 d*x **2** o**e **3** di*-*u*t **4** vi**t **5** d**x

6 t**i* **7** tr**z* **8** qu*nz* **9** **n* **10** se**

parler **5** **À deux. Calcule.**
Calculate.

Exemple: **1** trois

1 deux + un =
2 quatorze – sept =
3 vingt – quatre =
4 six + six =
5 neuf – huit =

6 dix-sept + trois =
7 huit + neuf =
8 cinq + six =
9 douze – sept =
10 vingt – neuf + quatre + deux =

+ plus
– moins
= ça fait/égal

écrire **6** **Invente six autres calculs pour ton/ta partenaire.**
Invent six other sums for your partner.

J'ai douze ans.
Quel âge as-tu?
Chloé

J'ai onze ans.
Hakim

J'ai douze ans.
Luc

J'ai treize ans.
Thomas

J'ai onze ans.
Yasmina

J'ai treize ans.
Élodie

---

lire **7** **Copie et complète la grille.**
Copy and complete the grid.

Prénom	Âge
Chloé	12 ans

Expo-langue

When you give your age in English,
you say *I am 11*.
In French, you say
J'ai onze ans
which means *I 'have' 11 years*.

Pour en savoir plus ▶ page 135 (3.4)

écouter **8** **Note l'âge. (1–8)**
Note down the age.

Exemple: **1** 15 ans

---

parler **9** **À deux. Choisis une personne.**
Répète la conversation.
Choose a person. Practise the conversation.

■ Comment t'appelles-tu?
● Je m'appelle **Hakim**.
■ Comment ça s'écrit?
● Ça s'écrit **H..A..K..I..M**
■ Quel âge as-tu?
● J'ai **onze** ans.

Mini-test

I can …
■ say hello and goodbye
■ ask someone's name and how
  he/she is
■ name six things in my schoolbag
■ say the alphabet
■ spell my name
■ ask someone to spell a word
■ count up to 20
■ say how old I am

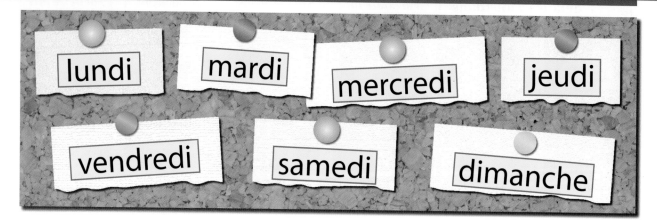

écouter **1** **Écris le jour. (1–7)**
Write the day of the week.

Exemple: **1** jeudi

écrire **2** **C'est quel jour?**
Which day is it?

Exemple: **1** vendredi

1 ierdevnd	**2** iduje	**3** dirma	**4** semdai
5 niuld	**6** chanmide	**7** crreemid	

lire **3** **Trouve les paires.**
Find the pairs.

Exemple: vingt et un – 21

vingt et un
vingt-deux
vingt-trois
vingt-quatre
vingt-cinq
vingt-six

26 28 22 25
30 23
21
31
27 29 24

vingt-sept
vingt-huit
vingt-neuf
trente
trente et un

parler **4** **À deux. Continue la liste.**
Continue the list.

1 un, deux, trois, quatre, ▬▬, ▬▬, ▬▬
2 quatre, huit, douze, seize, ▬▬, ▬▬, ▬▬
3 un, onze, deux, douze, ▬▬, ▬▬, ▬▬, ▬
4 trois, six, neuf, douze, ▬▬, ▬▬, ▬▬
5 trente, vingt-neuf, vingt-huit, vingt-sept, ▬▬, ▬▬, ▬▬

lire 5 Mets les mois dans le bon ordre.
Put the months in the right order.

septembre	février	janvier	décembre
octobre	mars	juin	avril
mai	juillet	novembre	août

écouter 6 Écris la date. (1–8)
Write the date.

Exemple: **1** C'est le 14 juillet.

> C'est quand, ton anniversaire?

> Mon anniversaire, c'est le cinq mai.

lire 7 La carte est à qui? (1–5)
Whose card is it?

Exemple: **1** Jean-Pascal

le premier = the first

Moi, j'ai quatorze ans et mon anniversaire, c'est le vingt-neuf mai. **Jean-Pascal**

1  29/05 14

2  01/07 13

3  13/11 *Bon anniversaire* 11

4  14/01 *Bon anniversaire* 12

5  03/10 13

Mon anniversaire, c'est le treize novembre. J'ai onze ans. Anaïs

J'ai treize ans et mon anniversaire, c'est le premier juillet. Charlène

J'ai treize ans et mon anniversaire, c'est le trois octobre. Rafiki

Moi, j'ai douze ans. Mon anniversaire, c'est le quatorze janvier. Layla

parler 8 En groupes. Copie la grille. Interviewe quatre personnes et note les réponses.
In groups. Copy the grid. Interview four people and note down the answers.

- ■ Comment t'appelles-tu?
- ● Je m'appelle **Ben**.
- ■ Comment ça s'écrit?
- ● B..E..N
- ■ Quel âge as-tu?
- ● J'ai **douze** ans.
- ■ C'est quand, ton anniversaire?
- ● Mon anniversaire, c'est le **vingt avril**.

Prénom	Âge	Anniversaire
Ben	12 ans	le 20 avril

Expo-langue

In French, the words for the days and months do not start with a capital letter:
lundi, **m**ardi, **j**anvier, **f**évrier

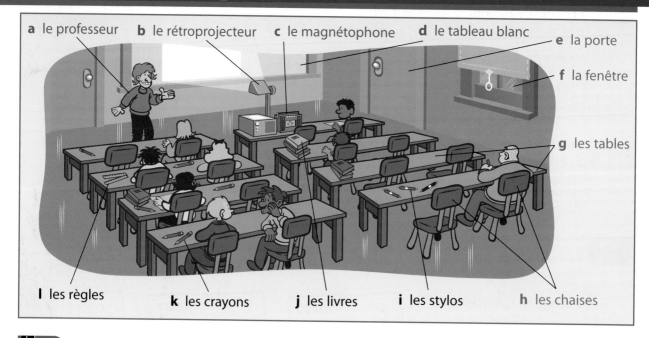

a le professeur   **b** le rétroprojecteur   **c** le magnétophone   **d** le tableau blanc   **e** la porte
f la fenêtre
g les tables
l les règles   **k** les crayons   **j** les livres   **i** les stylos   **h** les chaises

écouter 1

Note la lettre des objets dans le bon ordre. (1–10)
Note down the letter of the objects in the right order.

Exemple: **1** c

parler 2

À deux. Indique un objet.
Point to an object.

Exemple:

■ Qu'est-ce que c'est?
● Le rétroprojecteur.

lire 3

Regarde l'image. Vrai ou faux?
Look at the picture. True or false?

1 Il y a un rétroprojecteur.
2 Il y a huit livres.
3 Il y a une porte.
4 Il y a onze crayons.
5 Il y a une fenêtre.

6 Il y a un tableau blanc.
7 Il y a cinq stylos.
8 Il y a une règle.
9 Il y a un professeur.
10 Il y a une table.

> **Expo-langue**
>
> The word for *the* in French is **le**, **la** or **les**:
>
> | | masculin | féminin |
> |---|---|---|
> | *a* | **un** stylo | **une** trousse |
> | *the* | **le** stylo | **la** trousse |
>
> When the noun is plural, the word for *the* is **les**.
> You usually add an **-s** to the end of the noun
> just like in English:
> **un** stylo → **les** stylo**s**   **la** trousse → **les** trousse**s**
>
> **Pour en savoir plus** ▶ **page 130 (1.3)**

il y a = there is/are

parler 4

À deux. Invente d'autres phrases sur l'image.
Ton/ta partenaire dit 'Vrai' ou 'Faux'.
Invent other sentences about the picture.
Your partner says 'True' or 'False'.

Exemple:

■ Il y a seize chaises.
● Vrai!

5 Écoute et répète.

le stylo … les stylos
la table … les tables
le professeur … les professeurs
la fenêtre … les fenêtres

The **s** on the end of a French word is silent.

6 Relie les instructions et les images.

Join up the instructions and the pictures.

Exemple: 1 d

1 *Ouvrez les livres.*

2 *Fermez les cahiers.*

3 *Ouvrez la fenêtre.*

4 *Fermez la porte.*

5 *Regardez le tableau blanc.*

6 *Écoutez la cassette.*

7 *Prenez un stylo.*

8 *Travaillez à deux.*

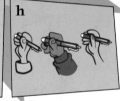

7 C'est quelle image? (1–8)

Which picture is it?

Exemple: 1 g

8 À deux. Dis ces instructions en français.

Say these instructions in French.

Exemple: 1 Prenez un crayon.

1 Take a pencil.
2 Close the window.
3 Open the door.
4 Listen to the teacher.
5 Look at the book.
6 Work in threes.
7 Take a ruler.
8 Close the book.

Expo-langue

There is no *'s* in French.
To say, for example, *Luc's book*, you say
le livre **de** Luc

Pour en savoir plus ▶ page 133 (2.3)

9 C'est à qui?

Whose is it?

Exemple:
1 C'est le **s**tylo de **S**téphanie.

Stéphanie **Christophe** **Loïc** **Raoul** **Marie-Claire**

1
2
3
4
5

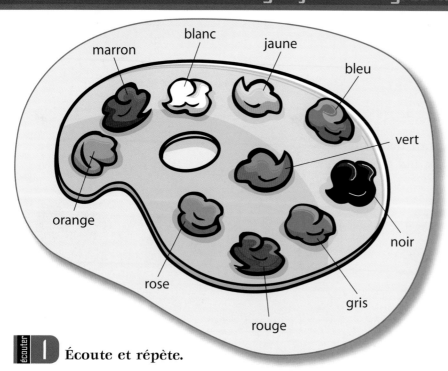

marron | blanc | jaune | bleu | vert | orange | noir | rose | gris | rouge

Expo-langue

Colours are adjectives.
In French, the colour comes *after* the object it is describing.
Exemple: un stylo **bleu**
= a *blue* pen
un crayon **rouge**
= a *red* pencil

Pour en savoir plus ▶ **page 132 (2.1)**

1 Écoute et répète.

2 Vrai ou faux?

Exemple: 1 faux

1 C'est un livre blanc.

2 C'est un portable vert.

3 C'est une gomme rouge.

4 C'est un cahier marron.

5 C'est un stylo gris.

6 C'est un crayon bleu.

3 Mets les mots dans le bon ordre.

1 vert sac un c'est
2 c'est stylo noir un
3 un rose c'est portable
4 rouge trousse c'est une
5 une c'est jaune règle

4 À deux. Décris les objets de l'exercice 2.

Exemple: 1 C'est un livre rouge.

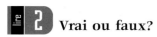

écouter **5** Écoute et répète.

J'ai un stylo vert, une trousse verte, des crayons verts et deux règles vertes.

Expo-langue

-e is added to a colour if the thing being described is feminine.
Exemple: une trousse noir**e**
-s is added if you are describing more than one thing.
Exemple: des crayons noir**s**
Blanc and **marron** work in a special way. Look at the table below.

un stylo	**une** règle	**des** stylos	**des** règles
bleu	bleu**e**	bleu**s**	bleu**es**
jaune	jaune	jaune**s**	jaune**s**
blanc	blan**che**	blanc**s**	blan**ches**
marron	marron	marron	marron

Pour en savoir plus ▶ page 132 (2.2)

 6 Choisis le bon adjectif.
Choose the right adjective.

Exemple: **1** J'ai une gomme verte.

1 J'ai une gomme **vert/verte**.
2 J'ai un stylo **bleu/bleue**.
3 J'ai un portable **noir/noirs**.
4 J'ai une trousse **rose/roses**.
5 J'ai une calculatrice **gris/grise**.
6 J'ai des stylos **rouge/rouges**.
7 J'ai des gommes **bleus/bleues**.
8 J'ai des crayons **jaune/jaunes**.
9 J'ai des règles **blanc/blanches**.
10 J'ai des cahiers **marron/marrons**.

 7 Copie et complète.

des = some

   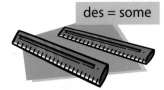

un stylo …   **une trousse …**   **des crayons …**   **deux règles …**

un stylo …   **une trousse …**   **des crayons …**   **deux règles …**

 8 Écoute et répète.

*vert … vert**e**,   gris … gris**e**,   blanc … blan**che** …*

Some adjectives sound different when they have an **-e** on the end.

 9 Écoute et vérifie.
In each set, which two words sound exactly the same? Remember, -s on the end is silent!

1 gris/grise/grises
2 blanche/blanches/blanc
3 vertes/verts/verte
4 blanc/blanches/blancs
5 vert/verte/verts

Unité 1

I can
- ■ say hello and goodbye — *bonjour/au revoir*
- ■ say what I am called — *Je m'appelle Luc.*
- ■ ask someone what they are called — *Comment t'appelles-tu?*
- ■ ask someone how he/she is — *Ça va?*
- ■ say how I am — *Ça va bien, merci, ...*

Unité 2

I can
- ■ name some things I need for school — *un stylo, une gomme, ...*
- ■ say the alphabet — *a,b,c, ...*
- ■ ask how to spell words — *Comment ça s'écrit?*
- ■ spell my name — *L..u..c*
- G understand what masculine/feminine means
- G understand when to use *un* and *une* — *un sac, une trousse*

Unité 3

I can
- ■ count up to 20 — *un, deux, trois, ...*
- ■ say my age — *J'ai onze ans.*
- ■ ask someone his/her age — *Quel âge as-tu?*

Unité 4

I can
- ■ say what day or date it is — *C'est lundi/C'est le 19 octobre.*
- ■ count up to 31 — *vingt et un, vingt-deux, ...*
- ■ say when my birthday is — *Mon anniversaire, c'est le 5 mai.*
- ■ ask someone when his/her birthday is — *C'est quand, ton anniversaire?*
- ■ wish somebody a happy birthday — *Bon anniversaire!*

Unité 5

I can
- ■ say what is in the classroom — *Il y a un tableau blanc ...*
- ■ understand some classroom instructions — *Écoutez la cassette, ...*
- ■ say who something belongs to — *C'est le stylo de Yasmina.*
- G use *le*, *la* and *les* correctly — *le livre, la cassette, les cahiers*
- G form the plurals of nouns by adding **-s** — *les professeurs, les fenêtres*

Unité 6

I can
- ■ say some colours — *bleu, blanc, rouge ...*
- ■ say what colour things are — *C'est une règle verte.*
- G use endings on colour adjectives correctly — *une trousse bleue*

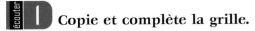

1 Copie et complète la grille.

Prénom	Âge	Anniversaire
Loïc	9 ans	le 4 novembre
Sophie		
Samuel		
Françoise		

2 À deux. Pose les questions à ton/ta partenaire.

- Comment t'appelles-tu?
- Comment ça s'écrit?
- Quel âge as-tu?
- C'est quand, ton anniversaire?

3 Relie les listes et les paniers.
Match up the lists and the baskets.

Exemple: **1** e

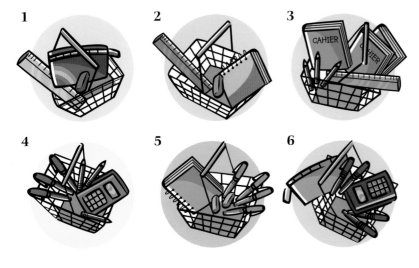

1 2 3 4 5 6

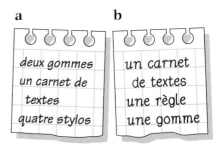

a
deux gommes
un carnet de textes
quatre stylos

b
un carnet de textes
une règle
une gomme

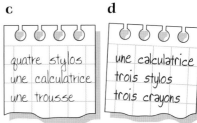

c
quatre stylos
une calculatrice
une trousse

d
une calculatrice
trois stylos
trois crayons

e
une trousse
une gomme
une règle

f
trois crayons
une règle
trois cahiers

4a Qu'est-ce que c'est?

Exemple: **1** C'est un stylo.

1 2 3 4 5 6

 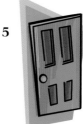 

4b Écris une réponse à la lettre.

Write a reply to the letter.

> Bonjour!
> Je m'appelle Laure. J'ai quatorze ans et mon anniversaire, c'est le 13 novembre. Et toi: comment t'appelles-tu? Quel âge as-tu? C'est quand, ton anniversaire?
> Au revoir,
> Laure

La rentrée

The day French pupils go back to school after the summer holidays is called La rentrée.

French school pupils buy their own equipment for school.

€ = un euro

1 Les prix sont-ils corrects? Note ✓ ou ✗. (1–8)
Are the prices right? Note down ✓ or ✗.

Exemple: **1** ✓

2 Qu'est-ce qu'ils achètent pour la rentrée? Prépare l'addition.
What are they buying for going back to school? Prepare the bill.

Exemple:

Thomas

3 stylos	= 6€
3 crayons	= 3€
1 carnet de textes	= 5€
12 cahiers	= 48€
Total	= 62€

Pour la rentrée, j'achète trois stylos, trois crayons, un carnet de textes et douze cahiers.

Thomas

Et moi, pour la rentrée, j'achète une calculatrice, une trousse, dix crayons et un stylo. J'achète aussi six cahiers.

Yasmina

Moi, j'achète un carnet de textes et sept cahiers pour la rentrée.

Chloé

Moi, j'achète dix cahiers et une trousse pour la rentrée.

Hakim

Pour la rentrée, j'achète cinq stylos, cinq crayons, deux gommes et cinq cahiers.

Élodie

Pour la rentrée, j'achète quatre cahiers, deux stylos et deux crayons et une gomme.

Luc

3 Qu'est-ce que tu achètes pour la rentrée? Prépare une liste.
What do you buy for going back to school? Prepare a list.

Pour la rentrée, j'achète ...

Une carte d'identité

Most people in France carry identity cards with them at all times.

 4 Prépare une mini carte d'identité pour chaque personne.
Prepare a mini-ID card for each person.

Exemple: 1

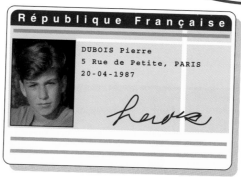

Nom: Petit
Prénom: Nadia
Âge: 30 ans
Anniversaire: le 16 novembre

1 Salut! Je m'appelle Nadia Petit et j'ai trente ans. Mon anniversaire, c'est le seize novembre.

2 Salut, je m'appelle Gilbert Bréant. J'ai trente et un ans et mon anniversaire, c'est le quinze août.

3 Bonjour! Je suis Geneviève Drian. Mon anniversaire est le premier juillet et j'ai vingt-sept ans.

4 Bonjour. Moi, je m'appelle Ahmed Abou-Essaoud et j'ai vingt ans. Mon anniversaire, c'est le vingt-six avril.

 5 Qui est-ce? (1–4)
Who is it?

Exemple: 1 Gilbert

 6 Complète des mini cartes d'identité pour toi et trois membres de ta famille.
Complete mini-ID cards for yourself and three members of your family.

 7 Écris des textes pour les cartes d'identité de l'exercice 6.

Dossier sur la France

La France est divisée en 96 départements.

Le drapeau français s'appelle le tricolore. Il est bleu, blanc et rouge.

La fête nationale est le 14 juillet. C'est l'anniversaire de la révolution française.

Paris est la capitale de la France.

Calais
Lille
la Seine
PARIS
la Seine
la Loire
la Loire
FRANCE
LE MASSIF CENTRAL
Lyon
LES ALPES
Bordeaux
la Garonne
le Rhône
Toulouse
Marseille
LES PYRÉNÉES

lire **1** Quiz sur la France

En groupes. Répondez aux questions.

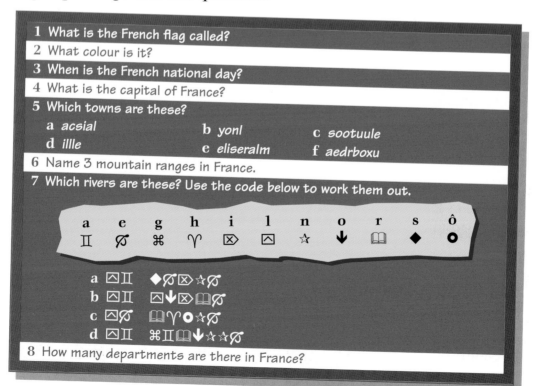

1 What is the French flag called?
2 What colour is it?
3 When is the French national day?
4 What is the capital of France?
5 Which towns are these?
a *acsial* b *yonl* c *sootuule*
d *illle* e *eliseralm* f *aedrboxu*
6 Name 3 mountain ranges in France.
7 Which rivers are these? Use the code below to work them out.

a	e	g	h	i	l	n	o	r	s	ô
♊	∅	⌘	♈	⌦	⍓	☆	⬇	📖	◆	●

a ⍓♊ ◆∅⌦☆∅
b ⍓♊ ⍓⬇⌦📖∅
c ⍓∅ 📖♈●☆∅
d ⍓♊ ⌘♊📖⬇☆☆∅

8 How many departments are there in France?

écouter **2** **Lis, écoute et chante!**
Read, listen and sing!

1
Dans mon sac
Il y a deux crayons
Dans mon sac
Il y a une gomme.
Deux crayons
Et une gomme.

2
Dans mon sac
Il y a trois cahiers
Dans mon sac
Il y a une gomme.
Trois cahiers
Deux crayons
Et une gomme.

3
Dans mon sac
J'ai quatre livres
Dans mon sac
Il y a une gomme.
Quatre livres
Trois cahiers
Deux crayons
Et une gomme.

4
Dans mon sac
J'ai cinq calculatrices
Dans mon sac
Il y a une gomme.
Cinq calculatrices
Quatre livres
Trois cahiers
Deux crayons
Et une gomme.

5
Dans mon sac
Il y a six stylos
Dans mon sac
Il y a une gomme.
Six stylos
Cinq calculatrices
Quatre livres
Trois cahiers
Deux crayons
Et une gomme.

6
Dans mon sac
J'ai sept carnets de textes
Dans mon sac
Il y a une gomme.
Sept carnets de textes
Six stylos
Cinq calculatrices
Quatre livres
Trois cahiers
Deux crayons
Et une gomme.

7
Dans mon sac OUF!
Il y a huit trousses OUF!
Dans mon sac OUF!
Il y a une gomme OUF!
Huit trousses OUF!
Sept carnets de textes OUF!
Six stylos OUF!
Cinq calculatrices OUF!
Quatre livres OUF!
Trois cahiers OUF!
Deux crayons OUF!
Et une gomme OUF!

On se rencontre — *Meeting people*

Bonjour!	*Hello!*
Salut!	*Hi!*
Comment t'appelles-tu?	*What's your name?*
Je m'appelle …	*My name's …*
Ça va?	*How are you?*
Oui, ça va bien, merci.	*Yes, I'm OK, thanks.*
Pas mal.	*So-so.*
Non, ça ne va pas.	*No, I'm not OK.*
Au revoir.	*Goodbye.*

Les affaires pour le collège — *School objects*

Qu'est-ce que c'est?	*What's this?*
C'est …	*It's …*
un cahier	*an exercise book*
une calculatrice	*a calculator*
un carnet de textes	*a homework diary*
un crayon	*a pencil*
une gomme	*a rubber*
un livre	*a book*
un portable	*a mobile phone*
un porte-monnaie	*a purse*
une règle	*a ruler*
un sac	*a bag*
un stylo	*a pen*
une trousse	*a pencil case*

L'alphabet — *The alphabet*

Comment ça s'écrit?	*How do you spell that?*
Ça s'écrit …	*You spell it …*

Les nombres 1–31 — *Numbers 1–31*

un	1	neuf	9	dix-sept	17
deux	2	dix	10	dix-huit	18
trois	3	onze	11	dix-neuf	19
quatre	4	douze	12	vingt	20
cinq	5	treize	13	vingt et un	21
six	6	quatorze	14	vingt-deux	22
sept	7	quinze	15	trente	30
huit	8	seize	16	trente et un	31

Les âges — *Ages*

Quel âge as-tu?	*How old are you?*
J'ai … ans.	*I'm … years old.*

Les jours de la semaine — *The days of the week*

lundi	*Monday*
mardi	*Tuesday*
mercredi	*Wednesday*
jeudi	*Thursday*
vendredi	*Friday*
samedi	*Saturday*
dimanche	*Sunday*

Les mois — *The months*

janvier	*January*
février	*February*
mars	*March*
avril	*April*
mai	*May*
juin	*June*
juillet	*July*
août	*August*
septembre	*September*
octobre	*October*
novembre	*November*
décembre	*December*

Les anniversaires — *Birthdays*

C'est quand, ton anniversaire?	*When's your birthday?*
Mon anniversaire, c'est le cinq mai/ le premier julliet.	*My birthday's on the 5th of May/ the 1st of July.*

En classe

Il y a ...
la chaise
les crayons
la fenêtre
les livres
le magnétophone
la porte
le professeur
les règles
le rétroprojecteur

la table
le tableau blanc
des cahiers
des crayons
huit crayons
quatre fenêtres

C'est le crayon de Luc.

In the classroom

There is/are ...
the chair
the pencils
the window
the books
the tape-recorder
the door
the teacher
the rulers
the overhead
  projector
the table
the whiteboard
some exercise books
some pencils
eight pencils
four windows

It's Luc's pencil.

Les instructions

Écoutez ...
Fermez ...
Ouvrez ...
Prenez ...
Regardez ...
Travaillez à deux.

Instructions

Listen to ...
Close ...
Open ...
Take ...
Look at ...
Work in pairs.

Les couleurs

blanc(he)
bleu(e)
gris(e)
jaune
marron
noir(e)
orange
rose
rouge
vert(e)

Colours

white
blue
grey
yellow
brown
black
orange
pink
red
green

Module 1

What does learning vocabulary mean?

It means ...
- ■ learning what the French word **means** in English
- ■ learning how to **spell** the word
- ■ learning how to **recognise** the word when you see or hear it
- ■ learning how to **say** the word

Throughout *Expo* you will learn ways of doing this. They are called *Stratégies*.

Stratégie 1

Look, say, cover, write, check
Use the five steps below to learn how to spell any word.

1. *LOOK*   Look carefully at the word for at least 10 seconds.
2. *SAY*   Say the word to yourself or out loud to practise pronunciation.
3. *COVER*   Cover up the word when you feel you have learned it.
4. *WRITE*   Write the word from memory.
5. *CHECK*   Check your word against the original. Did you get it right? If not, what did you get wrong? Spend time learning that bit of the word. Go through the steps again until you get it right.

1 Frères et sœurs
Talking about brothers and sisters
More practice of the verb *avoir*

J'ai une sœur.

Yasmina

J'ai un frère.

Luc

J'ai un frère et une sœur.

Thomas

J'ai deux frères et deux sœurs.

Élodie

Je n'ai pas de frères et de sœurs. Je suis fils unique.

Hakim

Je suis fille unique.

Chloé

écouter 1 Qui est-ce? (1–6) *Exemple:* 1 Luc

parler 2 À deux. Regarde les images de l'exercice 1 et choisis une personne.
In pairs. Look at the pictures in exercise 1 and choose a person.

- ■ Tu as des frères et des sœurs?
- ● Oui, j'ai **une sœur**.
- ■ Tu es **Yasmina**?
- ● Oui. Je suis **Yasmina**.

Expo-langue

To make a verb negative, use **ne ... pas**.
It forms a sandwich around the verb.
Je suis (*I am*)   Je **ne** suis **pas** (*I am not*)
If the verb begins with a vowel or h
use **n' ... pas**.
J'ai (*I have*)   Je **n'**ai **pas** (*I don't have*)

Pour en savoir plus ▶ **page 138 (3.8)**

je suis = I am   tu es = you are

lire 3 Positif ou négatif? Écris P ou N.
Write down if the sentence is positive (P) or negative (N).

Exemple: 1 P

1 J'ai une sœur.
2 Je n'ai pas de sœurs.
3 Je suis fils unique.
4 J'ai sept frères et sœurs.
5 Je suis fille unique.
6 Je n'ai pas de frères.

4 Écoute et répète la phrase.

Le papa de Patricia n'a pas de papiers.

When you make the **p** sound in French, don't blow any air out. Hold a piece of paper in front of your mouth – if it moves, you're saying it wrong!

5 Lis les textes. Comment s'appellent les frères et les sœurs?
Read the texts. What are the brothers and sisters called?

Exemple: **a** Sébastien

Françoise   Pierre   Karim   Yan   Sylvie   Jamal

  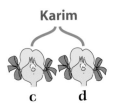 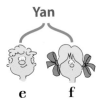 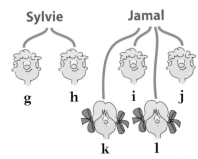

a   b   c   d   e   f   g   h   i   j

k   l

1 J'ai deux sœurs qui s'appellent Amira et Yamina.

2 J'ai une sœur qui s'appelle Marie-Jo.

3 J'ai deux frères qui s'appellent Hubert et Adnan, et j'ai deux sœurs qui s'appellent Yasmin et Esther.

4 J'ai un frère qui s'appelle Sébastien.

5 J'ai un frère qui s'appelle Patrick et une sœur qui s'appelle Emma.

6 J'ai deux frères qui s'appellent Robert et Guillaume.

Expo-langue

Qui means *who* or *which*.
In English, we can often leave out *who* or *which*.
Qui must never be left out in French.

Pour en savoir plus ▶ page 131 (1.6)

6 Sondage. Et toi? Demande à cinq personnes.
Survey. And you? Ask five people.

■ Tu as des frères et des sœurs?
● Oui. J'ai ▬▬. Et toi? Tu as des frères et des sœurs?

7 Écris une phrase pour chaque symbole.
Write a sentence for each symbol.

Exemple: **a** J'ai un frère.

a   b   c   d   e

1 Qui parle? (1–5) *Exemple:* 1 Aïsha

Voici mon frère, mon demi-frère et mes deux sœurs.

Mohammed

Voici ma mère et mon frère.

Jean-Luc

Voici mes grands-parents: ma grand-mère et mon grand-père.

Aïsha

Stéphanie

Voici mon père, ma mère, mon frère et ma sœur.

Fleur

Voici ma demi-sœur et mes parents.

 2 Lis les textes. C'est quelle image?

Exemple: 1 d

un demi-frère = a stepbrother or a half-brother

a

b

c

d

e

1

Voici ma mère Jacqueline avec mon frère Daniel.

2

Voici ma copine, Émilie.

3

Voici ma mère, ma tante et mon oncle avec mes deux frères. Ce sont des jumeaux.

4

Voici mes parents et ma sœur et mon copain Richard. Ma famille est gentille.

5

Voici mes deux frères et mon grand-père qui s'appelle Bernard.

3 Regarde les textes de l'exercice 2.
Copie et relie les phrases.
Look at the texts in exercise 2.
Copy and link the phrases.

Exemple: twins – des jumeaux

twins	mon frère
with	ma copine
my brother	mon oncle
my uncle	voici
my aunt	ma famille
my friend (male)	des jumeaux
my friend (female)	avec
my family	ma tante
here is/here are	mon copain

4 Imagine que tu es une personne célèbre. Invente trois phrases sur ta famille.

Imagine that you are a famous person. Make up three sentences about your family.

Expo-langue

The words for *my* and *your* differ according to whether the noun is masculine, feminine or plural.

	masculin	*féminin*	*pluriel*
my	**mon** père	**ma** mère	**mes** parents
your	**ton** père	**ta** mère	**tes** parents

Pour en savoir plus ▶ page 133 (2.3)

 5 *Mon, ma* ou *mes?* Copie et complète les phrases.

a

Voici ___ père qui s'appelle Rivaldo.

b

___ frère s'appelle Ronaldo.

c

___ tante s'appelle Juanita.

d

___ demi-frères s'appellent Paolo et Marco.

e

Voici ___ grand-mère qui s'appelle Margarita.

f

Voici ___ sœurs. Elles s'appellent Vesuvia et Etna.

		s'appelle …
mon ton	frère demi-frère père grand-père oncle copain ami(e)	s'appelle …
ma ta	sœur demi-sœur mère grand-mère tante copine	s'appelle …
mes tes	frères sœurs parents grands-parents	s'appellent …

 6 *Ton, ta* ou *tes?* Copie les questions et remplis les blancs.

1 Comment s'appelle ___ père?
2 Comment s'appelle ___ mère?
3 Comment s'appellent ___ parents?
4 Comment s'appelle ___ grand-mère?
5 Et ___ copine?
6 Et ___ copain?

 **7** Sondage. Pose une question différente à cinq personnes.
Survey. Ask five people a different question.

Exemple: ■ Comment s'appelle ton père?
● Mon père s'appelle David.

 8 Et toi? Présente ta famille. Écris au moins cinq phrases.
And you? Present your family. Write at least five sentences.

● As-tu des frères et des sœurs?
● Comment s'appelle ton père/ta mère?
● Comment s'appellent tes grands-parents? (Mes grands-parents s'appellent ___ .)

1 C'est quelle lettre? (1–12)

Exemple: 1 e

a **un cochon d'Inde**

b **un chat**

c **un lapin**

d **un chien**

e **un poisson**

f **un serpent**

g **un oiseau**

h **un hamster**

i **une souris**

j **une tortue**

k **une araignée**

l **Je n'ai pas d'animal.**

2 Écoute et complète le mot. C'est quel animal? (1–10)
Listen and complete the word. Which animal is it?

Exemple: 1 ser → ser**pent**

3 À deux. Choisis un animal. Devine l'animal de ton/ta partenaire.
In pairs. Choose an animal. Guess your partner's animal.

Exemple: ■ As-tu choisi?
  ● Oui, j'ai choisi.
  ■ C'est un lapin?
  ● Non.
  ■ C'est une araignée?
  ● Oui.

> As-tu choisi? = Have you chosen?
> J'ai choisi. = I have chosen.

lire **4** Lis les phrases. C'est quelle image? *Exemple:* 1 e

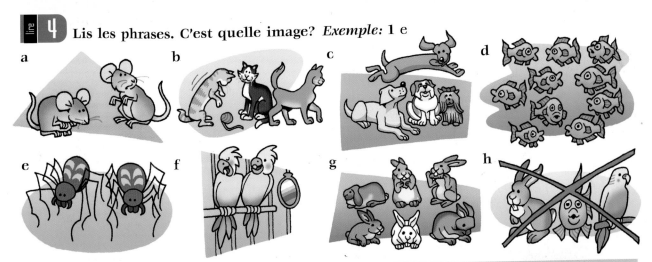

a   b   c   d

e   f   g   h

1 J'ai deux araignées.
2 Je n'ai pas d'animal.
3 J'ai deux souris.
4 J'ai six lapins.
5 Il y a trois chats.
6 Il y a deux oiseaux.
7 J'ai dix poissons.
8 J'ai quatre chiens.

Expo-langue

Some French nouns don't add an **-s** in the plural:
Words ending in **-al** change to **-aux** in the plural:
Un anim**al**   des anim**aux**
Words ending in **-eau** add an **-x** in the plural:
Un ois**eau**   des oiseau**x**

Pour en savoir plus ▶ page 129 (1.2)

écouter **5** Écoute et répète.

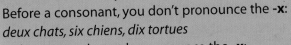

Words ending in **-x** are pronounced
in two different ways:
Before a consonant, you don't pronounce the **-x**:
deux chats, six chiens, dix tortues
Before a vowel, you do pronounce the **-x**:
deux oiseaux, six araignées, dix animaux

parler **6** Pose les questions
à tes camarades.
Ask your friends.

Exemple:
■ Tu as un animal?
● Oui, j'ai trois lapins.
Tu as un animal?

écrire **7** Écris cinq phrases.

Exemple: J'ai ____ qui s'appelle(nt) ____.

1   2   3

4   5   6

Mini-test

I can ...
■ ask if someone has any
   brothers and sisters
■ say if I have any brothers
   and sisters
■ say what they are called
■ use *mon, ma, mes* and
   ton, ta, tes
■ ask if someone has
   any pets
■ say what pets I have and
   give their names
■ use some plural forms

Je suis très petite.

Je suis petit.

Je suis de taille moyenne.

Je suis assez grande.

Je suis grand.

Je suis très grande.

a Makiko **b Afram** **c Jean-Pascal** **d Layla** **e Roland** **f Charlène**

écouter 1 **Qui est-ce? (1–6)** *Who is it?*

Exemple: **1** Charlène

| assez = quite |
| très = very |

parler 2 **Tu es grand(e) ou petit(e)?**
Demande à cinq personnes.
Are you tall or short? Ask five people.

Exemple:

■ Tu es **grand**?
● Non, je suis **assez petit**.

parler 3 **À deux. Choisis une image de l'exercice 1.**
In pairs. Choose a picture from exercise 1.

Exemple: ■ Roland?
● Il est grand. Afram?

Expo-langue

The verb *être* (to be)

je suis = I am
tu es = you are
il est = he is
elle est = she is

Pour en savoir plus ▶ page 135 (3.4)

lire 4 **C'est quel robot? Regarde les images (a–f).**

Exemple: **1** b

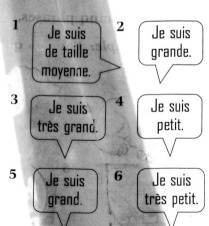

1 Je suis de taille moyenne.

2 Je suis grande.

3 Je suis très grand.

4 Je suis petit.

5 Je suis grand.

6 Je suis très petit.

5   Écoute. Qui est-ce? (1–8)

Exemple: 1 Stéphanie

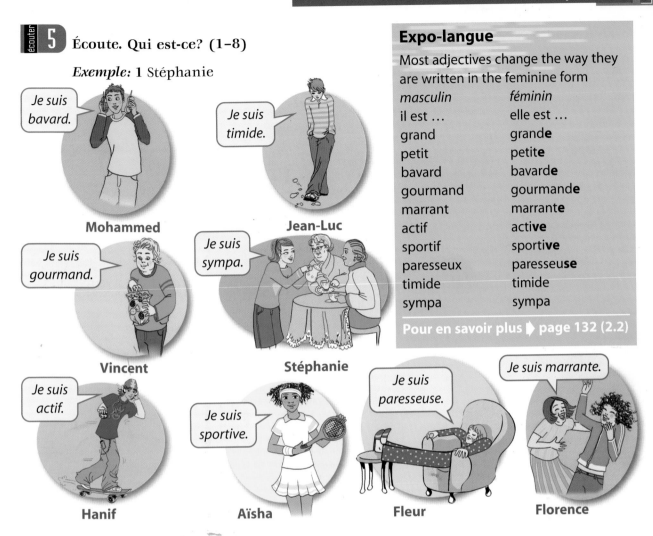

Je suis bavard.

Mohammed

Je suis timide.

Jean-Luc

Je suis gourmand.

Vincent

Je suis sympa.

Stéphanie

Je suis actif.

Hanif

Je suis sportive.

Aïsha

Je suis paresseuse.

Fleur

Je suis marrante.

Florence

Expo-langue

Most adjectives change the way they are written in the feminine form

masculin	*féminin*
il est …	elle est …
grand	grand**e**
petit	petit**e**
bavard	bavard**e**
gourmand	gourmand**e**
marrant	marrant**e**
actif	acti**ve**
sportif	sporti**ve**
paresseux	paresseu**se**
timide	timide
sympa	sympa

Pour en savoir plus ▶ page 132 (2.2)

6   À deux. Décris une personne de l'exercice 5 pour ton/ta partenaire. Attention: 'il' ou 'elle'?

Describe a person from exercise 5 for your partner. Take care: 'il' or 'elle'?

Exemple: ■ Elle est sympa.
     ● C'est Stéphanie. À moi. Il est bavard …

À moi. = My turn.

7   Ils sont comment? Écris une phrase pour chaque personne.

What are they like? Write a sentence for each person.

Exemple: **a** Sébastien est sympa.

a **Sébastien**   b **Yvette**   c **Isabelle**   d **Benjamin**   e **Mathieu**   f **Alice**

écouter **1** Écoute. Écris la lettre. (1–5)

Exemple: 1 c

a J'ai les yeux bleus.

b J'ai les yeux verts.

c J'ai les yeux gris.

d J'ai les yeux marron.

e J'ai les yeux rouges.

écouter **2** C'est quelle lettre? (1–6)

Exemple: 1 b

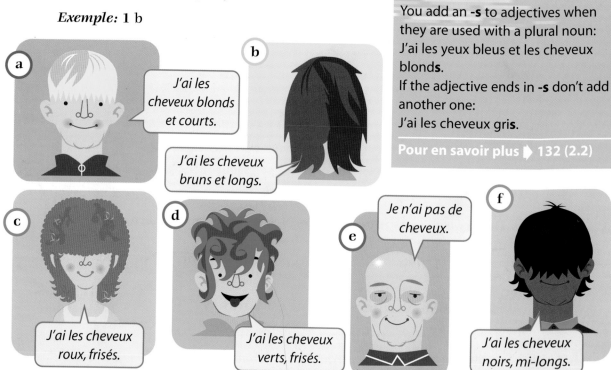

a J'ai les cheveux blonds et courts.

J'ai les cheveux bruns et longs.

c J'ai les cheveux roux, frisés.

d J'ai les cheveux verts, frisés.

e Je n'ai pas de cheveux.

f J'ai les cheveux noirs, mi-longs.

Expo-langue

You add an **-s** to adjectives when they are used with a plural noun:
J'ai les yeux bleus et les cheveux blond**s**.

If the adjective ends in **-s** don't add another one:
J'ai les cheveux gri**s**.

Pour en savoir plus ▶ 132 (2.2)

écouter **3** Écoute et répète cinq fois en dix secondes!

Mathieu a les yeux bleus et les cheveux roux.

Make your lips round to make the sound **eu**.

parler **4** Demande à cinq personnes dans ta classe.

■ Tu as les **yeux gris**, Micky?
● Non j'ai les **yeux bleus**. Tu as les **cheveux blonds**, Emma?

5 À deux. Regarde les images.
Choisis une personne. Qui est-ce?

Exemple:

■ Je commence … Il a les yeux verts.
● C'est Louis … Il est petit.
■ C'est Bruno.

Expo-langue

The verb *avoir* (to have)

j'ai	I have
tu as	you have
il a	he has
elle a	she has

Pour en savoir plus ▶ page 135 (3.4)

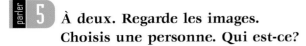

a   b   c   d   e

Louis   **Vanessa**   **Valérie**   **Tania**   **Bruno**

6 Lis les textes et regarde les images de l'exercice 5. Qui est-ce?

Exemple: **1** Valérie

1 Je suis grande. J'ai les yeux bleus et les cheveux bruns, mi-longs. Je suis un peu timide.

2 Je suis petit. J'ai les cheveux très courts et les yeux gris. Je suis sportif.

3 Je suis grand. Je suis bavard. J'ai les yeux verts et les cheveux noirs.

4 Je suis de taille moyenne. J'ai les yeux bruns et les cheveux roux. Je suis marrante.

5 Je suis assez grande. J'ai les cheveux blonds, longs et les yeux bleus. Je suis très paresseuse.

7 Regarde les images encore une fois. Corrige les phrases.
Look at the pictures again. Correct the sentences.

1 Bruno a les yeux verts.
2 Vanessa a les cheveux blonds.
3 Tania a les yeux marron.
4 Louis a les cheveux bruns.
5 Valérie a les yeux gris.
6 Bruno est de taille moyenne.
7 Tania a les cheveux courts.
8 Valérie est très petite.

8 Décris cinq personnes dans ta classe.
Describe five people in your class.

Exemple: Emma a les yeux bleus. Elle a les cheveux blonds, mi-longs. Elle est assez petite.

Unité 1

I can
- ask if someone has any brothers and sisters
- say whether I have any brothers and sisters

- say what they are called
- G recognise statements in the negative
- G use the *je, tu, il/elle* form of the verb *avoir*

Tu as des frères et des sœurs?
J'ai un frère/une sœur/deux frères.
  Je suis fils/fille unique.
Il/Elle s'appelle ...
Je n'ai pas de frères.
J'ai une sœur./Tu as un frère?/
  Il/elle a deux frères.

Unité 2

I can
- talk about my family and friends
  in more detail

- G use *mon, ma, mes* and *ton, ta, tes*

J'ai deux demi-sœurs qui
  s'appellent ...
J'ai un demi-frère qui s'appelle ...
Mon père/ma copine s'appelle ...
  Mes parents s'appellent ...

Unité 3

I can
- ask if someone has any pets
- say what pets I have
- say if I don't have any pets
- say what my pets are called using *qui*
- ask my partner if they've chosen
  (a word/picture)
- say that I've chosen (a word/picture)
- G use some plural forms

Tu as un animal?
J'ai un lapin, un chat ...
Je n'ai pas d'animal.
J'ai un lapin qui s'appelle Bugs.
As-tu choisi?

Oui, j'ai choisi.
Deux chats, trois poissons, quatre souris

Unité 4

I can
- talk about my height and what I am like
- use intensifiers with adjectives
- G use simple adjective agreements
  (feminine singular)
- G use the *je, tu, il/elle* form of the verb *être*

Je suis grand/grande et sportif/ive ...
Il est très/assez marrant.
Elle est bavarde.

Je suis paresseux./Tu es sportif?/
  Il/elle est timide.

Unité 5

I can
- talk about hair and eyes

- G use simple adjective agreements
  in the plural

J'ai les yeux bleus et les cheveux
  blonds et courts.
J'ai les yeux verts et les cheveux
  bruns, mi-longs.

écouter 1 **Copie et complète la grille. (1–5)**

	frère[s]	½ frère[s]	sœur[s]	½ sœur[s]	animaux
Exemple:	1	1			1 chat

parler 2 **Interviewe ton/ta partenaire. Pose cinq questions et prépare tes réponses.**
Interview your partner. Ask five questions and prepare your replies.

?	Tu as des frères et des sœurs?
?	Tu as un animal?
?	Tu as les yeux bleus? Et tes cheveux?
?	Tu es grand[e]?
?	Tu es sportif/sportive?

lire 3a **Regarde les images. C'est Mégan ou Saïd?**

Exemple: a Mégan

Je m'appelle Mégan Renaud.
Ma mère s'appelle Thérèse.
J'ai les yeux bleus et les cheveux longs et blonds.
J'ai un lapin qui s'appelle Clowny.
J'ai douze ans.
J'ai trois sœurs.
Je suis très bavarde et très paresseuse.

Je suis Saïd Farouq.
J'ai deux frères et deux sœurs.
J'ai les yeux marron et les cheveux noirs.
J'ai un serpent.
Mon père s'appelle Amir.
J'ai treize ans.
Je suis sportif et un peu timide.

a
b
c
d
e

lire 3b **Corrige les phrases.**

1 La fille s'appelle Clio.
2 Le garçon s'appelle Sadiq.
3 Mégan a les cheveux courts.
4 Elle a deux ans.
5 Le lapin de Mégan s'appelle Renaud.

6 Mégan est active.
7 Saïd est très timide.
8 Il a trois ans.
9 Le père de Saïd s'appelle Clowny.
10 Saïd n'a pas d'animal.

écrire 4 **Écris une description pour toi.**

Je m'appelle ____.   J'ai ____ ans.   J'ai ____ frères et ____ sœurs, etc.

Les BD

The French take their cartoon heroes very seriously. A comic book is called a **Bande Dessinée** or **BD** for short. The BD section of a French bookshop is always very well stocked and very popular.

parler 1 Qui est-ce?

Exemple: 1 Astérix

lire 2 **Copie les adjectifs anglais et essaie de trouver les mots français dans les descriptions ci-dessous. Vérifie les mots dans le vocabulaire.**
Copy the adjectives and try to find the French words in the descriptions below. Check the words in the word list at the back of the book.

brave   fat

clever   boring

clumsy   cunning

> Astérix n'est pas paresseux. Il est très actif et courageux.
>
> Obélix est gros.
>
> Idéfix est petit.
>
> Tintin n'est pas grand. Il est intelligent.
>
> Gaston Lagaffe n'est pas ennuyeux. Il est marrant et maladroit.
>
> Boule et Bill sont bavards et rusés.

écrire 3 **Et toi? Écris quatre phrases.**
Attention: *intelligent* ou *intelligente?*

très = very
assez = quite
un peu = a bit

4 Lis les textes. Écoute. Qui parle?

beau-père = stepfather
me voici = here I am

A
Je m'appelle **Sylvain**. J'ai un frère qui s'appelle Thomas et j'ai une sœur qui s'appelle Céline. Mes parents s'appellent Philippe et Thérèse. J'ai les yeux gris et les cheveux blonds. J'ai un chien, Toby. Je suis assez grand et sportif.

B
Je m'appelle **Aurélie**. J'ai douze ans. J'ai un frère, Nicolas, et une demi-sœur, Miriam. J'ai les yeux bleus et les cheveux bruns, mi-longs. J'ai deux souris, trois chats, un chien et un cheval. J'adore les animaux. Je suis grande et un peu timide. Me voici avec mon cheval.

C

Je suis **Françoise**. J'ai treize ans. Je n'ai pas de frères et de sœurs. Ma mère s'appelle Sylvie et mon beau-père s'appelle Christian. Il est grand et marrant. Mes grands-parents s'appellent Pierre et Odile. J'ai les yeux verts et les cheveux noirs et frisés. Mon chat s'appelle Sammy. Je suis assez petite, sportive et sympa.

D
Je m'appelle **Maurice**. Mon anniversaire est le 12 avril. J'ai treize ans. J'ai deux frères. Mes parents sont sportifs. J'ai un serpent qui s'appelle Nintendo. Je suis assez grand et paresseux. J'ai les yeux marron et les cheveux noirs et longs. J'aime Harry Potter.

5 Corrige les phrases. Écris la phrase complète.
Correct the sentences. Write the complete sentence.

1 Maurice a un serpent qui s'appelle Sony.
2 Aurélie n'aime pas les animaux.
3 Sylvain n'a pas d'animal.
4 Maurice a les cheveux blonds.
5 Aurélie a deux chiens.
6 Le père de Françoise est marrant.
7 Sylvain est paresseux.
8 Aurélie aime Harry Potter.
9 Françoise a les yeux bleus.
10 Aurélie a les cheveux longs.

6 À tour de rôle. Regarde les images et les textes ci-dessus. Décris quelqu'un pour ton/ta partenaire. Essaie de deviner le maximum en une minute.
Take turns. Look at the pictures and texts above. Describe someone for your partner. Try to guess as many as possible in one minute.

■ Il a un serpent.
● C'est Maurice.
■ Oui. À toi.

il/elle a = he/she has
il/elle est = he/she is

Les gens

 À deux. Trouve les rimes.
In pairs, find the rhymes.

Exemple: David est timide.

David	Edouard	Mathieu	Anna	Vincent	Hanif

gourmand	sportif	bavard	timide	paresseux	sympa

2 **Copie et remplis les blancs.**
Utilise les mots dans la case.
Copy and fill in the gaps.
Use the words in the box.

ai	a	suis	qui	m'appelle
Mon		une		bavarde
	marrants		copains	

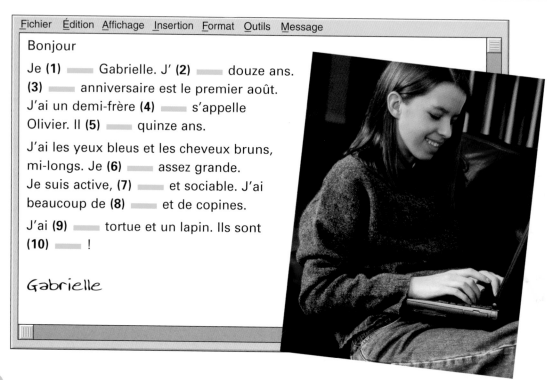

Fichier Édition Affichage Insertion Format Outils Message

Bonjour

Je **(1)** ⎯⎯ Gabrielle. J' **(2)** ⎯⎯ douze ans.
(3) ⎯⎯ anniversaire est le premier août.
J'ai un demi-frère **(4)** ⎯⎯ s'appelle
Olivier. Il **(5)** ⎯⎯ quinze ans.

J'ai les yeux bleus et les cheveux bruns,
mi-longs. Je **(6)** ⎯⎯ assez grande.
Je suis active, **(7)** ⎯⎯ et sociable. J'ai
beaucoup de **(8)** ⎯⎯ et de copines.

J'ai **(9)** ⎯⎯ tortue et un lapin. Ils sont
(10) ⎯⎯ !

Gabrielle

3 **Réponds aux questions de Gabrielle. Écris un e-mail.**
Answer Gabrielle's questions. Write an e-mail.

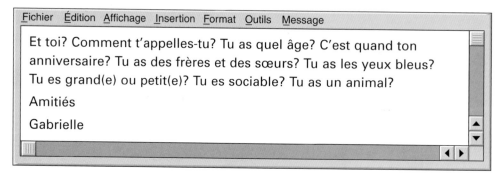

Fichier Édition Affichage Insertion Format Outils Message

Et toi? Comment t'appelles-tu? Tu as quel âge? C'est quand ton
anniversaire? Tu as des frères et des sœurs? Tu as les yeux bleus?
Tu es grand(e) ou petit(e)? Tu es sociable? Tu as un animal?

Amitiés

Gabrielle

lire 4 Trouve la bonne phrase pour chaque image.

Exemple: **1** J'habite la planète Delto ZX03.

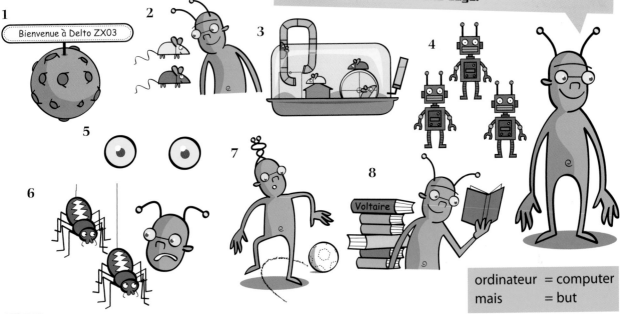

Bonjour

Je suis Zadom. J'ai trente-huit ans et j'ai trois robots, cinq consoles de jeu, neuf télés et quatre ordinateurs. <u>J'habite la planète Delto ZX03</u>. J'ai les yeux jaunes. Je n'ai pas de cheveux. Je suis grand et gris. Je suis super-intelligent mais je ne suis pas sportif. Je déteste les araignées mais j'aime les souris. J'ai quatre souris dans une cage.

1

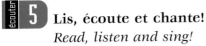

Bienvenue à Delto ZX03

2

3

4

5

6

7

8

Voltaire

ordinateur	= computer
mais	= but

écouter 5 Lis, écoute et chante!
Read, listen and sing!

1 J'ai un lapin
Tu as un chien
Il a un cochon.

2 J'ai une souris
Tu as un chat
Elle a un poisson.

3 J'ai une tortue
Tu as un rat
Il a un canard.

Nous avons des animaux
Vous avez des chevaux.

Ils ont des éléphants
Elles ont des serpents.

(Répétez)

4 J'ai une tortue
Tu as un rat
Il a un canard.

5 J'ai une tortue
Tu as un rat
Il a un canard.

Ma famille et mes copains
My family and friends

J'ai ...	*I have ...*
Je n'ai pas ...	*I don't have ...*
Tu as ...?	*Do you have ...?*
As-tu ...?	*Do you have ...?*
un frère	*a brother*
une sœur	*a sister*
un frère qui s'appelle ...	*a brother called ...*
deux sœurs qui s'appellent ...	*two sisters called ...*
Je suis ...	*I am ...*
fils unique (m)	*an only child (male)*
fille unique (f)	*an only child (female)*
mon ami	*my friend (male)*
mon copain	*my friend (male)*
mon demi-frère	*my half-brother/ stepbrother*
mon frère	*my brother*
mon grand-père	*my grandfather*
mon oncle	*my uncle*
mon père	*my father*
mon amie	*my friend (female)*
ma copine	*my friend (female)*
ma demi-sœur	*my half-sister/ stepsister*
ma grand-mère	*my grandmother*
ma mère	*my mother*
ma sœur	*my sister*
ma tante	*my aunt*
ma famille	*my family*
mes parents	*my parents*
mes grands-parents	*my grandparents*
Voici ...	*Here is/are ...*
Voilà ...	*That is/Those are ...*

Les animaux
Pets

J'ai ...	*I have ...*
un animal (des animaux)	*an animal (animals)*
une araignée	*a spider*
un chat	*a cat*
un cheval (des chevaux)	*a horse (horses)*
un chien	*a dog*
un cochon d'Inde	*a guinea pig*
un hamster	*a hamster*
un lapin	*a rabbit*
un oiseau (des oiseaux)	*a bird (birds)*
un poisson	*a fish*
un serpent	*a snake*
une souris	*a mouse*
une tortue	*a tortoise*
Je n'ai pas d'animal.	*I don't have any pets.*

Les adjectifs
Adjectives

Je suis ...	*I am ...*
Tu es ...	*You are ...*
Il est ...	*He is ...*
Elle est ...	*She is ...*
petit (petite)	*small*
grand (grande)	*tall*
de taille moyenne	*of medium height*
actif (active)	*active*
bavard(e)	*chatty*
gourmand(e)	*greedy*
marrant(e)	*funny*
paresseux (paresseuse)	*lazy*
sportif (sportive)	*sporty*
sympa	*nice*
timide	*shy*
un peu	*a bit*
assez	*quite*
très	*very*

Les yeux et les cheveux

J'ai ...
Tu as ...
As-tu ...?
Il a ...
Elle a ...

les yeux bleus/
  gris/marron/verts
les cheveux blonds
les cheveux bruns
les cheveux noirs
les cheveux roux
les cheveux courts
les cheveux longs
les cheveux mi-longs
les cheveux frisés

Je n'ai pas de cheveux.

Eyes and hair

I have ...
You have ...
Do you have ...?
He has ...
She has ...

blue/brown/grey/
  green eyes
fair hair
brown hair
dark hair
red hair
short hair
long hair
medium-length hair
curly hair

I don't have
  any hair.

Module 2

Stratégie 2

Cognates

A cognate is a word that is spelt the same in English as in French. Most of the time they mean exactly the same too. These are the cognates in this module:

parents
animal
hamster
unique

Some cognates don't have exactly the same meaning though. There's one in the list on page 42. Can you spot it?

1 Où habites-tu? Talking about where people live
Using the *je* and *tu* forms of the verb *habiter*

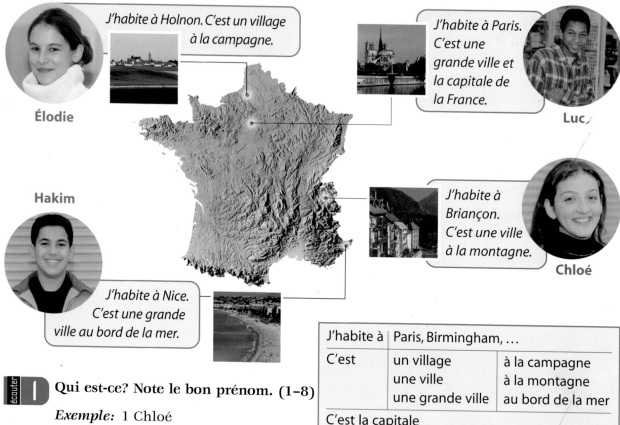

J'habite à Holnon. C'est un village à la campagne.

Élodie

J'habite à Paris. C'est une grande ville et la capitale de la France.

Luc

Hakim

J'habite à Briançon. C'est une ville à la montagne.

Chloé

J'habite à Nice. C'est une grande ville au bord de la mer.

J'habite à	Paris, Birmingham, …	
C'est	un village	à la campagne
	une ville	à la montagne
	une grande ville	au bord de la mer
C'est la capitale		

1 Qui est-ce? Note le bon prénom. (1–8)

Exemple: 1 Chloé

2 Mets les mots dans le bon ordre.
Puis répète les mots.
Put the words in the right order.
Then practise saying them.

The **h** at the start of a word is silent.
Exemple: habite → ̶habite

1 Hakim   **2** habite   **3** Holnon   **4** huit   **5** hockey   **6** hamburger   **7** hôtel   **8** hamster

3 À deux.

Exemple:

Hourtin

village

■ Où habites-tu?

● J'habite à Hourtin. C'est un village à la campagne.

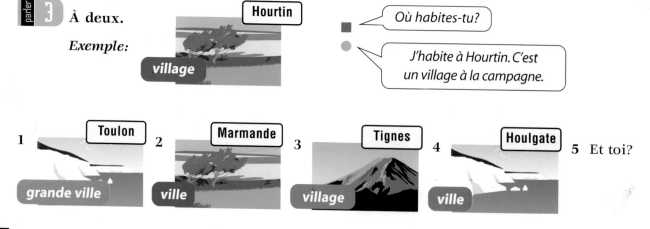

1 **Toulon** — grande ville
2 **Marmande** — ville
3 **Tignes** — village
4 **Houlgate** — ville
5 Et toi?

lire 4 **Choisis la bonne fin pour chaque phrase.**

Choose the right ending for each sentence.

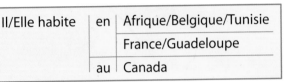

Il/Elle habite	en	Afrique/Belgique/Tunisie
		France/Guadeloupe
	au	Canada

- Habib habite à Sousse, une grande ville au bord de la mer en Tunisie.
- Anne-Laure habite à Dinant, une ville à la campagne en Belgique.
- Sylvain habite à Dakar, une grande ville qui est la capitale du Sénégal en Afrique.
- Avril habite à Montréal, une grande ville au Canada.
- Lulu habite à Marigot, un petit village au bord de la mer en Guadeloupe.
- Et Luc? Il habite à Nice, en France.

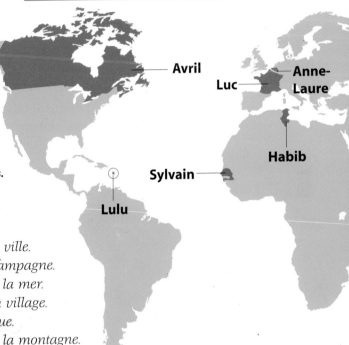

Exemple: **1** Sylvain habite en Afrique.

1 Sylvain habite *en France/en Afrique.*
2 Dakar est *un petit village/une grande ville.*
3 Lulu habite *au bord de la mer/à la campagne.*
4 Sousse est *à la montagne/au bord de la mer.*
5 Anne-Laure habite *dans une ville/un village.*
6 Marigot est *en Guadeloupe/en Belgique.*
7 Anne-Laure habite *à la campagne/à la montagne.*
8 Luc habite *en Tunisie/en France.*

écouter 5 **Copie et complète. (1–4)**

	Pays?	Ville/Village?	Où?
Feyrouze	Tunisie	village	à la campagne
Félix			
Paul			
Finidi			

écrire 6 **Copie et complète.**

1 J'habite à Londres. C'est une g____ v____ et la c____ de l'Angleterre.
2 J'habite à Blackpool. C'est une v____ au b____ de la m____.
3 J'habite à Boxford. C'est un v____ à la c____.
4 J'habite à Aviemore. C'est un v____ à la m____.
5 Et toi? J'habite à ____ C'est ____.

Expo-langue

-er verbs

Most French verbs end in **-er** in the dictionary or a word list.

Exemple: habit**er** = to live

When you use an **-er** verb, you change the ending like this:

   j'habit**e**
  tu habit**es**
  il/elle habit**e**

Pour en savoir plus ▶ page 134 (3.3)

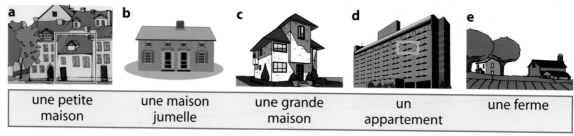

a	b	c	d	e
une petite maison	une maison jumelle	une grande maison	un appartement	une ferme

écouter 1 Écoute et répète.

écouter 2 Où habitent-ils? Note la bonne lettre. (1–8)
Where do they live? Note down the correct letter.

Exemple: **1** d

écrire 3 Écris des phrases correctes.

dans = in

Exemple: **1** Habib habite dans une grande maison.

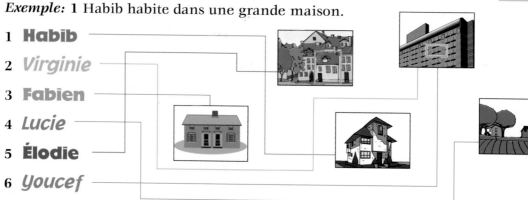

1 **Habib**

2 *Virginie*

3 **Fabien**

4 *Lucie*

5 **Élodie**

6 *Youcef*

écouter 4 Chloé décrit sa maison. Mets les lettres dans le bon ordre.
Chloé is describing her house. Put the letters in the right order.

Exemple: h, ...

au rez-de-chaussée = on the ground floor
au premier étage = on the first floor

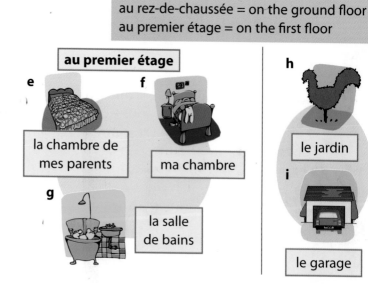

au rez-de-chaussée

a la salle à manger

b l'entrée

c la cuisine

d le salon

au premier étage

e la chambre de mes parents

f ma chambre

g la salle de bains

h le jardin

i le garage

parler **5** **À deux. C'est quelle pièce?**
Which room is it?

Exemple: ■ a, qu'est-ce que c'est?
● C'est la salle à manger.

lire **6** **Copie et complète la description de la maison de Chloé.**
Copy and complete the description of Chloé's house.

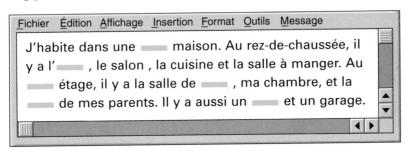

Fichier Édition Affichage Insertion Format Outils Message

J'habite dans une ▬▬ maison. Au rez-de-chaussée, il
y a l'▬▬ , le salon , la cuisine et la salle à manger. Au
▬▬ étage, il y a la salle de ▬▬ , ma chambre, et la
▬▬ de mes parents. Il y a aussi un ▬▬ et un garage.

bains
grande   jardin
premier
chambre
entrée

parler **7** **À deux. Choisis une maison et décris-la. C'est quel numéro?**
Choose a house and describe it. Which number is it?

Exemple: ■ Au rez-de-chaussée, il y a le salon.
● Numéro 6?
■ Non. Au premier étage, il y a la salle à manger.

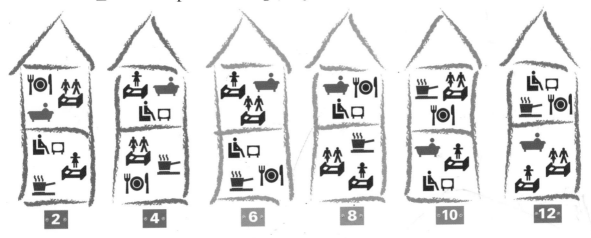

2   4   6   8   10   12

écrire **8** **Copie et complète la description pour une des maisons de l'exercice 7.**
Copy and complete the description for one of the houses in exercise 7.

J'habite dans la maison numéro ▬▬.
Au rez-de-chaussée, il y a ▬▬.
Au premier étage, il y a ▬▬.

écrire **9** **Écris une description de ta maison/ton appartement.**
Write a description of your house/flat.

La chambre de Charlène

| le/la/les = the |
| un/une = a |

1 un lit
2 une armoire
3 une table
4 un poster
5 une télé
6 une étagère
7 les rideaux
8 la moquette
9 le mur
10 une chaise
11 un bureau
12 une commode
13 une lampe
14 un ordinateur
15 un chien en peluche

1 Note les objets dans le bon ordre. (1–15)

2 À deux. Qu'est-ce que c'est?

Exemple:
■ Le numéro un, qu'est-ce c'est?
● C'est un lit.

3 **Vrai ou faux?**

1 Charlène a beaucoup de posters de footballeurs.
2 Les murs sont jaunes.
3 Dans la chambre de Charlène il y a une télé, un ordinateur, une armoire et une commode.
4 Charlène a un chat en peluche.
5 Les rideaux et la moquette sont bleus.

4 **Écoute et répète.**

sur ...   bureau ...   peluche ...   tu ...   Luc ...   mur ...
sous ...   écoute ...   douze ...   rouge ...

Suck your lips in to make the sound **u**.

Make your lips round to make the sound **ou**.

5 **Écoute puis répète aussi vite que possible.**
Listen, then repeat as fast as possible.

Loulou a douze poissons rouges, mais as-tu vu la perruque de luxe de Luc?

 Écoute et répète.

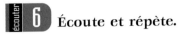

Bobo est ...

sur	**sous**	**derrière**	**devant**	**dans**
le bureau	le bureau	le bureau	le bureau	le bureau

7 À deux. Où est Bobo?

Exemple: **1** Bobo est sous la table.

1   2   3   4   5   6

8 Copie et complète la description de la chambre de Charlène.   beaucoup de = lots of

J'ai une ▨▨▨ chambre. ▨▨▨ ma chambre, il y a un lit et une ▨▨▨. ▨▨▨ la fenêtre,
il y a une petite table. Mes livres sont ▨▨▨ l'étagère. Les ▨▨▨ sont bleus et la
moquette est ▨▨▨ aussi. La ▨▨▨ est sur la table. Sur le ▨▨▨ il y a beaucoup de
posters de skate.

Dans	**Sous**	**petite**	**télé**	**bleue**	**armoire**	**sur**	**rideaux**	**mur**

9 Écoute et vérifie.

Mini-test

I can ...
- ▨ say where I live and where it is
- ▨ ask someone where he/she lives
- ▨ name four French-speaking countries
- ▨ list the rooms in my house
- ▨ name five things in my bedroom
- ▨ use five prepositions
- ▨ ask where something is/some things are

1 Écoute et lis les phrases.

Salut! C'est Rafiki. Voici mon frère, Afram.

Le soir, on joue au foot dans le jardin.

On mange.

On regarde la télé.

On écoute de la musique dans la chambre.

On téléphone à des copains.

2 Copie et complète.

1 On ____ la télé.
2 On ____ au foot dans le jardin.
3 On ____ de la musique.
4 On ____ à des copains.
5 On ____ dans la salle à manger.

Expo-langue

French people often use the word **on** to say *we*.
***Exemple:* on** mange = we eat
on regarde la télé = we watch TV
With **-er** verbs, you use the same ending as you do for **il/elle**.

Pour en savoir plus ▶ pages 131 (1.5), 134 (3.3)

3 Écoute et lis les phrases.

Salut, c'est Anaïs. Voici mon frère.

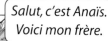

Le soir, chez moi, c'est différent. On travaille dans le jardin.

On prépare le dîner.

On range la cuisine.

On ne regarde pas la télé.

On n'écoute pas de musique.

On ne téléphone pas à des copains …

C'est dur, la vie!

C'est dur, la vie! = Life is hard!

4 **Qui parle: Rafiki ou Anaïs?**

1 On téléphone à des copains.
2 On range la cuisine.
3 On prépare le dîner.
4 On joue au foot.
5 On regarde la télé.

6 On ne joue pas au foot.
7 On n'écoute pas de musique.
8 On ne range pas la cuisine.
9 On ne travaille pas dans le jardin.
10 On ne téléphone pas à des copains.

5 **À deux. Parle de la semaine en famille.**
Talk about the family's week.

le lundi = every Monday

Exemple: Le lundi, on regarde la télé.

lun.	**mar.**	**mer.**	**jeu.**	**ven.**	**sam.**	**dim.**

 6 **Copie et complète la grille. Note ✓ ou ✗. (1–4)**

	télé	musique	foot	dîner	jardin
Exemple: Mamadou		✓	✓		
Imina et Mona					
père					
famille					

7 **Réponds aux questions.**

Exemple: 1 Oui, je joue au foot dans le jardin.
　　　　　 or Non, je ne joue pas au foot dans le jardin.

1 Tu joues au foot dans le jardin?
2 Tu travailles dans le jardin?
3 Tu regardes la télé dans ta chambre?
4 Tu écoutes de la musique dans la salle de bains?
5 Tu prépares le dîner?
6 Tu ranges la cuisine?

Expo-langue

For **-er** verbs, the endings are
　je regard**e**
　tu regard**es**
　il/elle/on regard**e**

Pour en savoir plus ▶ page 134 (3.3)

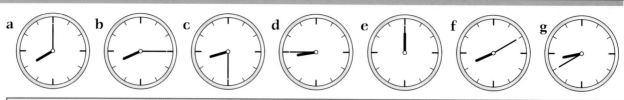

a	b	c	d	e	f	g
Il est huit heures.	Il est huit heures et quart.	Il est huit heures et demie.	Il est neuf heures moins le quart.	Il est midi/minuit.	Il est huit heures dix.	Il est neuf heures moins vingt.

1 Écoute et répète.

2 C'est quelle pendule? (1–8)
Which clock is it?

Exemple: 1 f

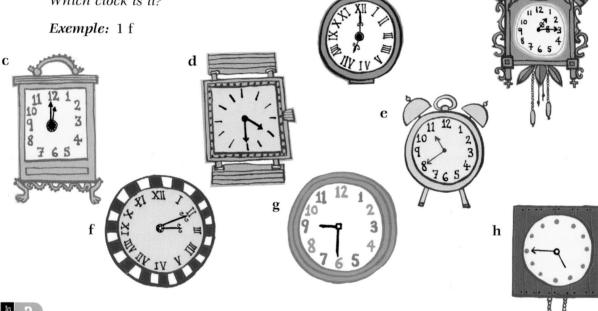

3 À deux. Quelle heure est-il?

Exemple: a

■ Quelle heure est-il?
● Il est sept heures.

4 Note les heures de l'exercice 2.
(a–h)

Exemple: a Il est sept heures.

Il est	huit heures	
	huit heures	cinq/dix/vingt/vingt-cinq
		et quart/et demie
	neuf heures	moins vingt-cinq/vingt/dix/cinq
		moins le quart
	midi/minuit	

5 Écoute et répète.

20	30	40	50	60
vingt	trente	quarante	cinquante	soixante

6 Trouve les paires.

31 **32** **33** **34** **39** **41** **42** **43** **56** **68**

trente-neuf   cinquante-six   trente-deux   quarante-deux   trente et un

quarante-trois   trente-trois   soixante-huit   trente-quatre   quarante et un

7 Écoute et répète.

soixante …   trois …   mois …   au revoir …

The letters **oi** make a sound a bit like *wah*.

8 Écoute puis répète aussi vite que possible.

Moi, j'ai soixante-trois croissants, et toi?

9 Lis la lettre et complète les phrases.

1 À 5h15, les frères d'Hakim ▬▬ de la musique ou ils ▬▬ au foot.
2 À 7h30, ses parents ▬▬ le dîner puis ils ▬▬ la cuisine.
3 À 8h00, Hakim et sa famille ▬▬ la télé.

> À cinq heures et quart, mes frères écoutent de la musique ou ils jouent au foot dans le jardin. À sept heures et demie, mes parents préparent le dîner et après, ils rangent la cuisine. Après le dîner, à huit heures, on regarde la télé dans le salon.
>
> Hakim

10 Complète.

Exemple: ☺ Il regarde la télé.   ☺☺ Ils regard**ent** la télé.

1 ☺ Il téléphone.   ☺☺ ▬▬
2 ☺ Il range.   ☺☺ ▬▬
3 ☺ Elle écoute.   ☺☺ ▬▬
4 ☺ Elle travaille.   ☺☺ ▬▬
5 ☺ Il joue.   ☺☺ ▬▬
6 ☺ Elle prépare.   ☺☺ ▬▬

Expo-langue

The word **ils** means *they* (for a masculine or mixed group); **elles** means *they* (for a feminine group).
The **-er** verb ending with **ils/elles** is **-ent**
Exemple: **ils** regard**ent**
      elles écout**ent**
When you say these verbs, the **-ent** ending is silent.

Pour en savoir plus ▶ pages 131 (1.5), 134 (3.3)

Unité 1

I can

- say where I live — *J'habite à Ipswich.*
- say if it is a town or a village — *C'est une ville/un village.*
- say where it is — *C'est à la campagne.*
- ask somebody where he/she lives — *Où habites-tu?*
- recognise six French-speaking countries — *France, Canada, …*
- G recognise an *-er* verb — *habiter*
- G use the correct *-er* verb endings with *je, tu, il/elle* — *J'habite, tu habites, il habite, elle habite*

Unité 2

I can

- say what kind of house/flat I live in — *J'habite dans une grande maison/ un appartement.*
- name the rooms in a house — *le salon, la cuisine, …*
- say which rooms are on each floor — *Au rez-de-chaussée, il y a le salon, …*

Unité 3

I can

- name some things in my bedroom — *un lit, une armoire, …*
- say what is in my bedroom — *Dans ma chambre il y a une télé, un lit, …*
- ask where something is/things are — *Où est la table?/Où sont les posters?*
- G use prepositions to say where things are — *Les livres sont sur l'étagère/ sous le lit.*

Unité 4

I can

- say what I do in the evening with my family — *On mange, on joue au foot, …*
- say what I do not do — *Je ne regarde pas la télé, …*
- G use the pronoun *on* correctly — *On regarde la télé.*
- G use the correct ending with *on* for *-er* verbs — *On range la cuisine/On joue au foot.*
- G use *ne … pas* correctly — *On ne regarde pas la télé/ On n'écoute pas de musique.*

Unité 5

I can

- count to 69 — *trente, quarante, …*
- ask what the time is — *Quelle heure est-il?*
- say the time — *Il est neuf heures dix/et quart …*
- G use the correct ending with *ils/elles* for *-er* verbs — *ils regardent, elles écoutent, …*

1 Relie les images et les heures.

Exemple: 1 b

2 À deux. Pose les questions à ton/ta partenaire.

- Où habites-tu?
- Tu habites dans un appartement?
- Décris ta maison et ta chambre.

 3 Lis la lettre. Puis corrige l'erreur dans chaque phrase.
Read the letter. Then correct the mistake in each sentence.

Exemple: **1** Théo habite à La Rochelle.

Bonjour! Je m'appelle Théo et j'habite à La Rochelle. C'est une ville au bord de la mer en France.

J'habite dans une grande maison. Au rez-de-chaussée, il y a un salon, une grande salle à manger et une cuisine. Au premier étage il y a trois chambres: la chambre de mes parents, la chambre de mon frère, et ma chambre. Il y a aussi la salle de bains. Derrière la maison, il y a un jardin.

1 Théo habite à Paris.
2 La Rochelle est un village en France.
3 La Rochelle est à la campagne.
4 Théo habite dans un petit appartement.
5 La cuisine est au premier étage.
6 Il y a quatre chambres.
7 Théo a une sœur.
8 Il y a un jardin devant la maison.

4a Complète les phrases.

Exemple: **1** Les livres sont sur l'étagère.

1 Les livres sont sur

2 ___ est sous la fenêtre.

3 Le chat en peluche est sur

4 ___ est derrière la table.

 4b Écris une description de ta chambre.

Ici on parle français

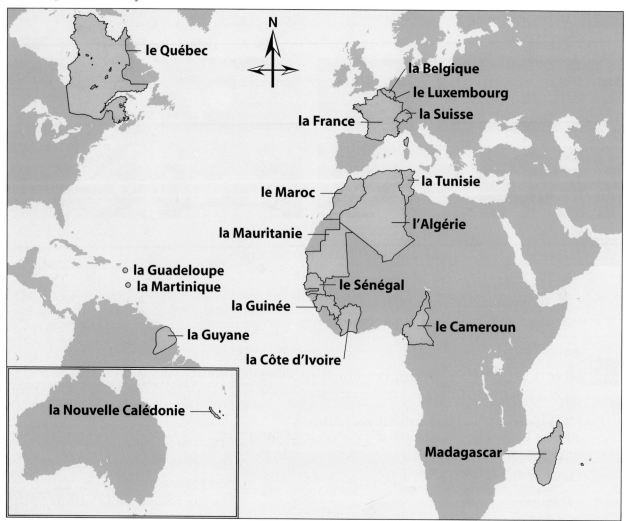

le Québec
la Belgique
le Luxembourg
la Suisse
la France
le Maroc
la Tunisie
l'Algérie
la Mauritanie
la Guadeloupe
la Martinique
le Sénégal
la Guinée
le Cameroun
la Guyane
la Côte d'Ivoire
la Nouvelle Calédonie
Madagascar

lire 1 Trouve les paires.

L'Algérie	Madagascar	Tunisia	
La Belgique	Le Maroc	Martinique	Algeria
Le Cameroun	La Martinique	Luxembourg	Belgium
La Côte d'Ivoire	La Mauritanie	Senegal	Guinea
La France	La Nouvelle	Quebec	France
	Calédonie	Madagascar	Guiana
La Guadeloupe	Le Québec	Mauritania	Ivory Coast
La Guinée	Le Sénégal	Switzerland	Cameroon
La Guyane	La Suisse	Morocco	Guadeloupe
Le Luxembourg	La Tunisie	New Caledonia	

écouter 2 Note le pays francophone. **(1–7)** *Note down the French-speaking country.*

Exemple: **1** Tunisie

3 Écoute et lis. Les footballeurs français.

1  *Voici Thierry Henry. Il est français. Son père habite en Guadeloupe, mais sa mère habite à Paris. On parle français en Guadeloupe.*

2 *Voici Zinedine Zidane. Il habite à Marseille, une grande ville qui est au bord de la mer Méditerranée en France. Mais il est d'origine algérienne et ses grands-parents habitent dans un petit village en Algérie. En Algérie, on parle français et arabe.*

3 *Voici Patrick Vieira. Ses grands-parents habitent à Dakar, une grande ville et la capitale du Sénégal en Afrique. Au Sénégal, on parle français.*

4 *Marcel Desailly est français, mais sa famille est d'origine africaine. Il est né au Ghana en Afrique. On parle français au Ghana.*

5 *Voici Djibril Cissé. Il habite en France mais sa famille habite en Afrique. Son père est de la Guyane et sa mère est de la Côte d'Ivoire.*

6 *Voici Fabien Barthez. Son père et sa mère habitent à Lavelanet, une petite ville à la campagne en France.*

4 Copie la liste de footballeurs.
Joins les noms au pays d'origine de leur famille.
Copy the list of footballers. Join each name to the country their family originally came from.

son/sa/ses	= his/her
il est né	= he was born
mais	= but
de	= from

Exemple: Henry – Guadeloupe

Henry	Vieira	Cissé		France	Sénégal	Guyane/Côte d'Ivoire
Zidane	Desailly	Barthez		Ghana	Guadeloupe	Algérie

5 Qui parle?

Exemple: **1** Patrick Vieira

1 Mes grands-parents habitent à Dakar au Sénégal.
2 Ma mère est de la Côte d'Ivoire.
3 J'habite à Marseille.
4 Mon père est de la Guyane.
5 Je suis né au Ghana.
6 Mes grands-parents habitent en Algérie.
7 Ma mère habite la capitale de la France.
8 Mon père habite en Guadeloupe.
9 J'habite au bord de la mer.
10 Mes parents habitent à la campagne en France.

1 Lis la lettre et réponds aux questions en français.

Salut!

Je m'appelle Euzhan et j'habite à la Martinique avec ma famille. On habite dans une petite maison à deux étages, située à Basse-Pointe, une ville au bord de la mer. Derrière la maison il y a un grand jardin où il y a des bananiers.

Au rez-de-chaussée il y a une grande cuisine où ma mère et mon père préparent à manger. On mange dans la cuisine parce qu'il n'y a pas de salle à manger. Il y a aussi le salon où on regarde la télévision. Dans le salon, il y a deux grandes fenêtres.

Au premier étage, il y a trois chambres. Il y a la chambre de mes parents et la chambre de mes deux frères. Ma petite sœur et moi, on a une petite chambre bleue. Dans notre chambre il y a deux lits, deux chaises, une commode et une grande armoire. Sur mon lit j'ai un chat en peluche et ma petite sœur, elle a un chien en peluche. J'ai aussi des livres.

Et chez toi, c'est comment?

Euzhan

Qu'est-ce qu'il y a …? = What is there …?

1   Euzhan, où habite-t-elle?
2   Est-ce qu'elle habite dans une grande maison?
3   Il y a combien d'étages?
4   Où est Basse-Pointe?
5   Chez Euzhan, où est-ce qu'on mange?
6   Qu'est-ce qu'il y a dans le salon?
7   Il y a combien de chambres?
8   La chambre d'Euzhan est de quelle couleur?
9   Qu'est-ce qu'il y a dans sa chambre?

2 Écris une réponse à la lettre d'Euzhan.

Remember you can use **et** (*and*) to join two sentences together. Remember to check your work! Do your verbs and adjectives have the right endings?

écouter 3 Lis, écoute et chante!

As-tu vu mon rat?

1 Où est mon rat?
Oh là là là là!
Dans la salle de bains?
Mais non!

2 Où est mon rat?
Oh là là là là!
Derrière les rideaux?
Mais non!

3 Où est mon rat?
Oh là là là là!
Sous le canapé?
Mais non!

4 Où est mon rat?
Oh là là là là!
Sur la grande armoire?
Mais non!

5 Où est mon rat?
Ah, le voilà!
Il joue avec le chat:
C'est bon!

écrire 4 Écris d'autres couplets pour cette chanson.
Write other verses for this song.

Exemple: Où est mon chat?
Oh là là là là!
Derrière la porte?
Mais non!

Où habites-tu?
Where do you live?

habiter	*to live*
J'habite à Bristol.	*I live in Bristol.*
Il/Elle habite à Bradford.	*He/She lives in Bradford.*
C'est …	*It is …*
un village	*a village*
une ville	*a town*
une grande ville	*a city*
la capitale	*the capital*
à la campagne	*in the country*
à la montagne	*in the mountains*
au bord de la mer	*at the seaside*
en Afrique	*in Africa*
en Belgique	*in Belgium*
au Canada	*in Canada*
en France	*in France*
en Guadeloupe	*in Guadeloupe*
en Tunisie	*in Tunisia*

Les maisons
Houses

J'habite dans …	*I live in …*
une maison jumelle	*a semi-detached house*
une grande maison	*a big house*
une petite maison	*a small house*
un appartement	*a flat*
une ferme	*a farm*

Dans la maison
In the house

Au premier étage	*On the first floor*
Au rez-de-chaussée	*On the ground floor*
il y a …	*there is/are …*
la chambre	*the bedroom*
la cuisine	*the kitchen*
l'entrée	*the hall*
le garage	*the garage*
le jardin	*the garden*
la salle à manger	*the dining-room*
la salle de bains	*the bathroom*
le salon	*the living-room*

Dans la chambre
In the bedroom

Il y a …	*There is/are …*
beaucoup de …	*lots of …*
une armoire	*a wardrobe*
un bureau	*a desk*
une chaise	*a chair*
un chien en peluche	*a cuddly toy dog*
une commode	*a chest of drawers*
une étagère	*a bookshelf*
une lampe	*a lamp*
un lit	*a bed*
la moquette	*the carpet*
le mur	*the wall*
un ordinateur	*a computer*
un poster de …	*a poster of …*
les rideaux	*the curtains*
une table	*a table*
une télé	*a TV*

C'est où?
Where is it?

Où est …?	*Where is …?*
Où sont …?	*Where are …?*
dans	*in*
derrière	*behind*
devant	*in front of*
sous	*under*
sur	*on*

Le soir
In the evening

on	*we*
On écoute de la musique.	*We listen to music/ We're listening to music.*
On n'écoute pas de musique.	*We don't listen to music/We aren't listening to music.*
On joue au foot.	*We play football/ We're playing football.*
On mange.	*We eat/We're eating.*
On prépare le dîner.	*We prepare the dinner/We're preparing the dinner.*

On range.	*We tidy / We're tidying.*
On regarde la télé.	*We watch TV / We're watching TV.*
On téléphone à des copains.	*We phone friends / We're phoning friends.*
On travaille.	*We work / We're working.*

Les nombres 20–60 *Numbers 20–60*

vingt	*20*
trente	*30*
trente et un	*31*
trente-deux	*32*
trente-trois	*33*
trente-quatre	*34*
trente-cinq	*35*
quarante	*40*
cinquante	*50*
soixante	*60*

Quelle heure est-il? *What time is it?*

Il est sept heures.	*It's seven o'clock.*
Il est sept heures dix.	*It's ten past seven.*
Il est sept heures et quart.	*It's quarter past seven.*
Il est sept heures et demie.	*It's half past seven.*
Il est huit heures moins le quart.	*It's quarter to eight.*
Il est huit heures moins dix.	*It's ten to eight.*
Il est midi.	*It's midday.*
Il est minuit.	*It's midnight.*

Module 3

Stratégie 3

Not quite cognates!
In Module 2 you learnt about cognates. In French there are also lots of words that look similar to English words, but are not identical. Often these words have exactly the same meaning as the English [but not always!].

How many of these words can you find on pages 60 and 61? Here's one to get you started:

Afrique → Africa

4 On va en ville

À Dijon il y a ...

a un café
b un cinéma
c un marché
d un musée
e un tabac
f un hôtel
g un hôpital
h une église
i une poste
j une banque
k une gare
l des magasins

écouter 1 Un tour de Dijon en voiture. C'est quelle lettre? Note l'ordre.
A car tour of Dijon. Which letter is it? Note down the order.

écouter 2 Qu'est-ce qu'il y a dans le village? Écoute les conversations.
Écris la bonne lettre. Note les réponses ✓ ou ✗. (1–12)

Exemple: 1 k ✗

parler 3 À tour de rôle. Note cinq endroits. Pose des questions à ton/ta partenaire.
Take turns. Note down five places. Ask your partner.

Exemple:
- ■ Est-ce qu'il y a un cinéma?
- ● Non, il n'y a pas de cinéma.
  Est-ce qu'il y a un café?
- ■ Oui, il y a un café.

Est-ce qu'il y a	un	cinéma?
	une	gare?
	des	magasins?
Oui, il y a	un/une des ...	cinéma/gare/ magasins ...
Non, il n'y a pas	de ...	gare magasins

parler 4

À deux. La phrase la plus longue.
In pairs. Make up the longest sentence.

Exemple:

■ Dans ma ville il y a un cinéma ...

● Dans ma ville il y a un cinéma, un marché ...

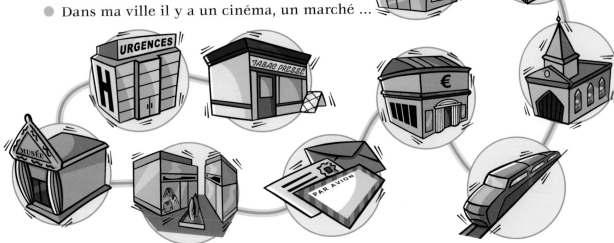

lire 5

Trouve le bon texte pour chaque symbole.
Find the right text for each symbol.

Exemple: **a** 2

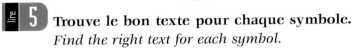

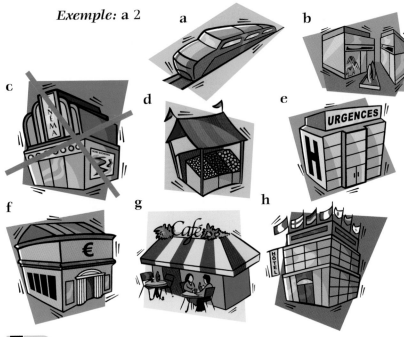

1 *Dans le centre-ville il y a beaucoup de cafés.*

2 Dans ma ville il y a la gare SNCF.

3 *Il n'y a pas de cinéma.*

4 *Dans le centre on a un ou deux hôtels.*

5 *Ici il y a des banques.*

6 *On a un marché, un hôpital et beaucoup de magasins.*

écrire 6

Copie le texte et remplis les blancs.

| aussi | petit |
| petite | n'y a | tabacs | mais | On a | il y a |

Dans ma ville **(1)** ____ un marché. **(2)** ____ beaucoup de magasins et
beaucoup de cafés. Il **(3)** ____ pas de musée **(4)** ____ il y a une banque,
une poste et un ou deux **(5)** ____ . Il y a **(6)** ____ une **(7)** ____ gare et un
(8) ____ cinéma.

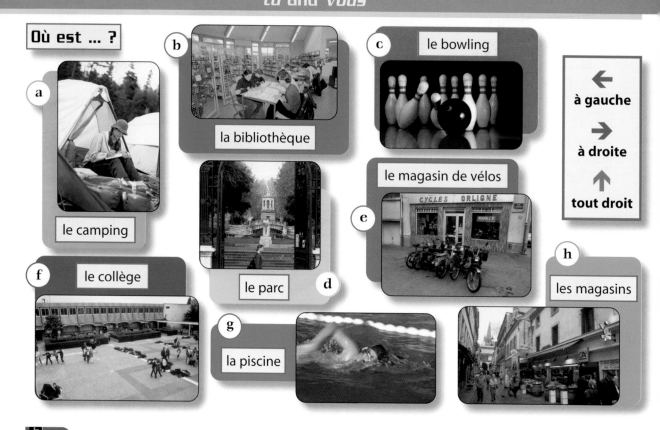

Où est … ?

a le camping

b la bibliothèque

c le bowling

d le parc

e le magasin de vélos

f le collège

g la piscine

h les magasins

← à gauche
→ à droite
↑ tout droit

1 C'est quelle photo? C'est à gauche, à droite ou tout droit? Note ←, → ou ↑. (1–8)
Which photo is it? Is it to the left, to the right or straight on? Note down ←, → or ↑.

Exemple: 1 f, →

2 Écoute et répète chaque phrase trois fois.

Le cinéma, c'est tout droit, Nicolas.
La piscine est à droite.

> You don't pronounce the **-t** at the end of a French word. But if you add an **-e**, you do pronounce the **-t**.

3 Quelle est la question?

Exemple: a Où est le camping?

Où est	le camping?
Où sont	les magasins?

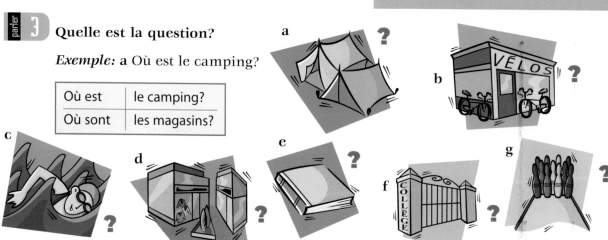

a
b VÉLOS ?
c
d
e
f COLLÈGE
g

écouter **4** **Qu'est-ce qu'ils cherchent? (1–8)**
What are they looking for?

Exemple: 1 e

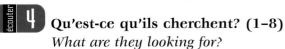

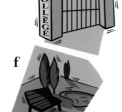

écouter **5** **Écoute les réponses encore une fois.**
Tu ou *vous*?
Listen to the replies again. 'Tu' or 'vous'?

Exemple: 1 Vous

Expo-langue

There are two words for *you* in French:
tu – when you're talking to a friend
vous – when you're talking to an adult
You also use **vous** when talking to
more than one person.

Pour en savoir plus ▶ **page 137 (3.7)**

parler **6** **À deux. Pose des questions et donne des directions à ton/ta partenaire.**

Exemple: ■ Où est le camping, s'il *te* plaît?
● *Tu vas* tout droit, puis *tu tournes* à droite.

puis = then

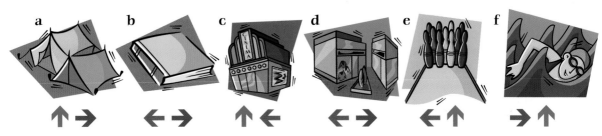

parler **7** **À deux. Fais les mêmes dialogues. Tu parles avec un adulte.**
In pairs. Do the same dialogues. You are speaking to an adult.

■ Où est le camping, s'il *te* plaît?
● *Vous allez* tout droit, puis *vous tournez* à droite.

écrire **8** **Écris les dialogues des exercices 6 et 7.**

a le stade

b l'hôpital

c l'église

d la fête foraine

e le centre commercial

f la patinoire

g le parking

h les toilettes

écouter

1 Où sont-ils? (1–8)
Where are they?

Exemple: 1 d

parler

2 À tour de rôle. Où es-tu?
Utilise les photos de l'exercice 1.
Take turns. Where are you?
Use the photos in exercise 1.

Exemple: a *Je suis au stade.*

Expo-langue

à means *at* or *to*

à	+	le	= au	**au** marché
	+	la	= à la	**à la** gare
	+	l'	= à l'	**à l'**église
	+	les	= aux	**aux** magasins

Je suis **au** marché = I'm **at** the market
Je vais **au** marché = I'm going **to** the market

Pour en savoir plus ▶ page 141 (4.3)

lire

3 Lis les textos et réponds aux questions 1 à 6.

Exemple:
1 Maman est au supermarché.

1 Où est Maman?
2 Qui est à la fête foraine?
3 Qui fait les devoirs? Où?
4 Où est Papa?
5 Qui fait du sport? Où?
6 Où est Saïd?

a Je suis à la bibliothèque. Les devoirs! ☹ Philippe

b Il est 16h30. Je suis au stade. J'ai un match de foot. Mélanie

c Je suis à la fête foraine. À ce soir. Faheem

d Je suis à l'hôpital avec Thierry. Saïd

e Je suis au centre commercial avec Chloé. À plus tard. Papa

f Je suis au supermarché. À ce soir! Maman

À ce soir = See you this evening
À plus tard = See you later

4 À deux. Choisis et note un endroit (a–h).
Devine la destination de ton/ta partenaire.
*In pairs. Choose and note down
a place (a–h). Guess your partner's
destination.*

■ Tu vas à l'église?
● Non.
■ Tu vas à la patinoire?
● Oui, je vais à la patinoire.

Expo-langue

aller	*to go*
je vais	I am going/I go
tu vas	you are going/you go
il/elle va	he/she is going/goes

Pour en savoir plus ▶ page 136 (3.4)

5 Des messages pour ta famille. Relie et écris les messages en entier.
Messages for your family. Link up and write out the messages in full.

a Il est ——— fête foraine avec des copains.

b Il est 15h. Je vais au ——— vais à Paris avec Danny et ses parents.

c Il est 19h. Je vais à la ——— cinéma avec des copines.

d Je ——— magasins et puis je vais au stade avec Lise.

e Je vais aux ——— 11h. Je vais au parc avec Marc.

6 La semaine de Marc. Écris sept phrases. Utilise la grille.
Write seven sentences about Marc's week. Use the grid to help you.

Exemple: Lundi Marc va au stade avec des copains.

lun: stade

mar: fast-food

mer: sup-marché

jeu: hôp

ven: piscine

sam: magasins

dim: fête f.

Lundi Mardi Mercredi Jeudi Vendredi Samedi Dimanche	Marc va	au …	stade fast-food supermarché	avec des copains avec Sandrine avec Fabrice
		à l' …	hôpital	
		à la …	piscine fête foraine	
		aux …	magasins	

Mini-test

I can …
■ ask whether there are certain places in a town
■ ask where places are
■ understand simple directions
■ understand when to use *tu* and *vous*
■ use *puis* to connect two sentences
■ say where I am and where I'm going, using *à*

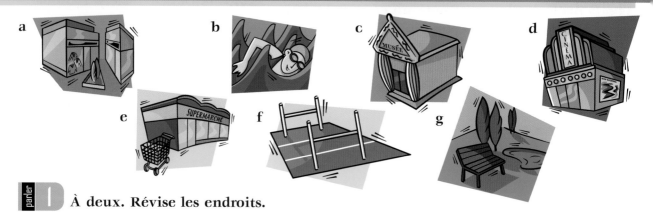

parler 1 À deux. Révise les endroits.

Exemple: ■ d
● le cinéma

écouter 2 Écoute. On va où? Note l'endroit et l'opinion. (1–7)
Listen. Where are they going? Note down the place and what they think of it.

Exemple: 1 cinéma + b

Tu viens? = Are you coming?

On va au cinéma. Tu viens?

a Super! Fantastique!

b Oui, j'aime bien ça.

c Ça m'est égal.

d Je ne sais pas. Si tu veux.

e Ah non. C'est vraiment nul!

f Je déteste ça. C'est affreux!

g Ah, non. C'est ennuyeux.

parler 3 À deux. On va où?
Utilise les endroits dans la grille.

Exemple:

■ On va à la piscine. Tu viens?
● Oui, super! On va au supermarché. Tu viens?
■ Ah, non. C'est vraiment nul!

On va	au	supermarché/bowling/parc/stade
	à l'	église
	à la	fête foraine/piscine/patinoire/poste
	aux	magasins

4 Lis les dialogues. Trouve l'endroit et l'opinion.
Read the dialogues. Find the place and the opinion.

Exemple: A 4

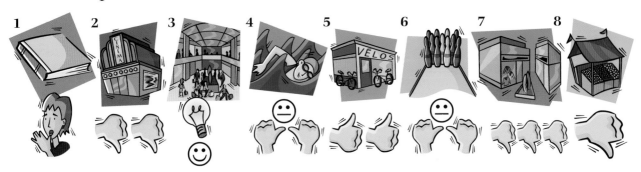

   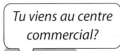 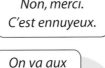   

A On va à la piscine. Tu viens? — D'accord.

B Tu viens au marché avec nous? — Ah, non. Je n'aime pas ça.

C Je vais à la bibliothèque. Tu viens? — Non, merci. C'est ennuyeux.

D Tu viens au centre commercial? — Oui, bonne idée!

E On va au cinéma. Il y a un film qui s'appelle Babe. — Ah non, c'est vraiment nul!

F On va au bowling. Tu viens? — Ça m'est égal. Je ne sais pas. Oui, si tu veux.

G On va aux magasins. Tu viens? — Ah non. C'est affreux! Je déteste faire les magasins.

H On va au magasin de vélos. — Ah oui, super. J'adore ça.

5 Lis les textes encore une fois et trouve les phrases.

OK   good idea   I don't mind   I don't know   if you want   it's really rubbish

6 C'est le week-end! Écris une phrase pour chaque activité et ajoute ton opinion.
It's the weekend! Write a sentence for each activity and add your opinion.

Exemple: Vendredi soir on va au fast-food Burgomac. C'est super, j'aime ça.

samedi après-midi: l'hôpital
vendredi soir: le fast-food Burgomac
dimanche matin: l'église
samedi matin: le marché
dimanche soir: le restaurant 'Chez Denis'
samedi soir: le club Solar
dimanche après-midi: la patinoire

matin = morning
après-midi = afternoon
soir = evening

Je voudrais …

a un jus d'orange

b un milkshake à la fraise

c un chocolat chaud

d un thé

e un café

f un fanta

g une limonade

h un orangina

i un coca

j un coca light

1 Écoute. Ils choisissent quelles boissons? Écris les lettres. (1–5)
Listen. What drinks do they choose? Write the letters.

Exemple: 1 i, g

2 Note la boisson et la quantité. (1–6)
Note down the drink and the quantity.

	jus d'orange	milkshake à la fraise	chocolat chaud	thé	café	coca	fanta	limonade	orangina
Exemple: 1						2			

3 À tour de rôle. Demande les boissons.
Ask for the drinks.

Exemple: a Je voudrais un coca, s'il vous plaît.

a ×1
b ×1
c ×3
d  ×3
e  ×2
f ×1

1 un sandwich au fromage

2 un sandwich au jambon

3 une glace à la fraise

4 une portion de frites

5 une tranche de pizza

6 un hamburger

7 un hot-dog

écouter 4 **C'est combien? (1–7)**
How much is it?

1,00 € 2,50 € 2,10 € 1,60 €

Exemple: **1** 2,50 €

1,50 € 2,60 € 3,30 €

parler 5 À tour de rôle.
Demande les snacks.
Take turns. Ask for snacks.

Exemple:

■ Bonjour. **Un sandwich au fromage**, s'il vous plaît.
● Oui. Voilà.
■ C'est combien?
● **Un euro vingt**.
■ Merci. Au revoir.

3,20€ 2,50€ 1,20€

1,10€ 1,00€ 2,40€

écrire 6 Écris les snacks.

Exemple: **a** Un coca, un coca light et une tranche de pizza, s'il vous plaît.

a  b c d e

Unité 1

I can

- ask about places in a town

  *Est-ce qu'il y a un café/
  une poste …?*

- use the phrases *il y a, il n'y a pas,
  beaucoup de*

  *Il y a beaucoup de magasins./
  Il n'y a pas de cinéma.*

Unité 2

I can

- ask where places are

  *Où est le stade?
  Où sont les magasins?*

- understand simple directions

  C'est tout droit/à gauche/à droite.

- use polite forms of address

  *Pardon/Excusez-moi, monsieur/
  madame …*

- G understand the difference between *tu* and *vous*

  *Tu tournes à gauche./
  Vous tournez à gauche.
  Tu vas tout droit./
  Vous allez tout droit.*

- G use the linking word *puis*

  *Tu vas tout droit, puis tu tournes
  à gauche.*

Unité 3

I can

- say where I am

  Je suis à la gare.

- say where I am going

  Je vais à l'hôpital.

- say where someone else is going

  Marc va au supermarché.

- G use the preposition *à* before *le/la/l'/les*

  *Je suis au cinéma/à la piscine/
  à l'église.
  Je vais aux magasins.*

Unité 4

I can

- express opinions

  *C'est ennuyeux./
  J'adore ça./Je déteste ça./
  Oui, d'accord./Bonne idée.*

- invite people to places

  *On va/Je vais au cinéma.
  Tu viens?*

Unité 5

I can

- order drinks and snacks

  *Je voudrais un coca/une limonade/
  une pizza, s'il vous plaît.*

- ask about and understand prices

  C'est combien? Ça coûte 1,20 € …

1 **Quel est le bon prix, a ou b?**

Exemple: 1 b

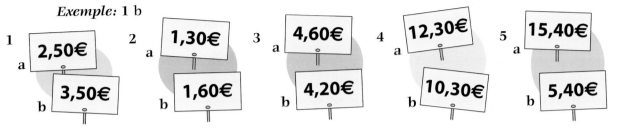

1 a **2,50€**   b **3,50€**

2 a **1,30€**   b **1,60€**

3 a **4,60€**   b **4,20€**

4 a **12,30€**   b **10,30€**

5 a **15,40€**   b **5,40€**

2 **À deux. Regarde les snacks. Demande le prix et achète ton snack.**
In pairs. Look at the snacks. Ask the price and buy a snack.

Exemple:

■ Un hamburger, c'est combien?
● Deux euros trente.
■ D'accord. Trois hamburgers, s'il vous plaît.

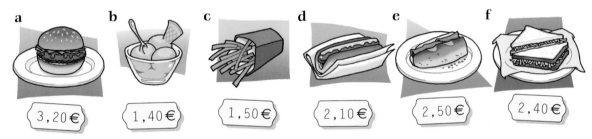

a   b   c   d   e   f

3,20 €   1,40 €   1,50 €   2,10 €   2,50 €   2,40 €

3 **Où vont-ils?**
Where are they going?

Exemple: 1 La piscine

1 Tu vas tout droit et puis tu tournes à gauche.
2 Vous tournez à droite et puis vous allez tout droit.
3 Vous allez tout droit et puis vous tournez à droite.
4 Tu tournes à gauche et puis à droite.
5 Vous tournez à gauche et puis vous allez tout droit.

L'église ↑ →

Le camping ← ↑

La piscine ↑ ←

Le bowling → ↑

Le centre commercial ← →

 4 **C'est quel bus? Écris six phrases.**

Exemple: Le bus numéro cinq va à la gare.

a 5 Gare   b 10 Hôpital   c 12 Poste   d 7 Centre   e 9 Stade   f 3 Camping

Les monuments de Paris

1 Écoute les visites audio-guidées et lis les textes. C'est quelle photo?
Listen to the audio guides and read the texts. Which photo is it?

Exemple: 1 b

1 C'est un musée avec beaucoup de peintures et de sculptures. Un ancien palais. À l'entrée, il y a une grande pyramide moderne.

2 Un monument très populaire. Le symbole de la France. Construit entre 1887 et 1889 par Gustave Eiffel.

3 Un monument construit pour célébrer les victoires militaires de Napoléon.

4 Une basilique blanche, située sur une colline. Construite entre 1875 et 1914.

5 Une très vieille cathédrale. Un exemple parfait de l'architecture gothique.

6 Terminé en 1998. On y va pour les grands matchs de foot et de rugby.

7 Construit par Piano Renzo et l'Anglais Richard Rogers. Dans ce bâtiment on trouve des galeries d'art, une bibliothèque et une médiathèque.

8 Dans ce parc il y a des expositions sur la science avec beaucoup d'attractions intéressantes (les films IMAX, par exemple).

> Les mots inconnus?
> Cherche dans le vocabulaire.

a

la Tour Eiffel

b

le Louvre

c

la Cité des Sciences

d
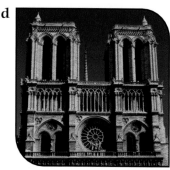
Notre-Dame de Paris

e

l'Arc de Triomphe

f

le Stade de France

g

le Centre Pompidou

h

la Basilique du Sacré-Cœur

lire **2** **Relie les mots.**

1 It's
2 with
3 lots of
4 very popular
5 You go there
6 you find

a On y va
b avec
c C'est
d on trouve
e très populaire
f beaucoup de

écrire **3** **Copie et complète la carte postale de Londres avec les mots de l'exercice 2.**

Londres, le 20 juillet

Cher Bruno

Je suis à Londres ⎯ trois copains. ⎯ super! À Oxford Street ⎯ ⎯ beaucoup de magasins. À Leicester Square il y a ⎯ ⎯ touristes. L'exposition Rock Circus est chère (12€!) mais c'est ⎯ ⎯. ⎯ ⎯ ⎯ pour voir les grandes stars de rock.

À bientôt

Amélie

Bruno PETIT

189 rue de Paris

F-12345 Privas

FRANCE

parler **4** **Demande à cinq camarades. Devine l'endroit qu'ils préfèrent.**
Ask five people and try to guess which place they prefer.

Exemple:

■ On va à la Cathédrale Notre-Dame?
● Non, c'est ennuyeux.

■ On va au Stade de France?
● Oui, super! Bonne idée.

Le jeu de la ville

☺ **+2 avancer deux cases**
☹ **-2 reculer deux cases**

 1

Jette le dé pour décider où aller.
Calcule combien tu dépenses.
Throw a dice to decide where to go.
Calculate how much you are spending.

gratuit = free
moche = awful

1 Tu vas à la piscine. L'entrée coûte trois euros vingt. C'est marrant.

2 Tu vas au snack-bar. Tu achètes un hamburger. Tu paies deux euros cinquante. C'est super.

3 Tu vas au bowling. Ça coûte cinq euros. Mais où est ton porte-monnaie?

4 Tu vas à la patinoire. Ça coûte cinq euros. C'est bien. Pas de problème.

5 Tu vas au Café Soleil. Mais le café est fermé.

6 Tu vas au centre commercial où tu achètes ton DVD préféré. Il coûte vingt-huit euros.

7 Puis tu vas au tabac pour acheter des bonbons et du chewing-gum. Ça fait un euro vingt.

8 Tu vas à la bibliothèque pour faire tes devoirs. C'est gratuit!

9 Après, tu vas au cinéma. Tu arrives trop tard. Le film a déjà commencé.

10 Puis tu vas au parc pour jouer au tennis. Ça coûte deux euros cinquante pour une heure.

11 Tu vas à la fête foraine. Tu dépenses dix-huit euros mais tu gagnes beaucoup de peluches.

12 Ici tu vas aux toilettes. C'est moche et ... tu paies cinquante cents pour entrer!

13 Puis tu vas au marché. C'est bien. Tu achètes un tee-shirt pour cinq euros quarante.

14 Tu vas au musée avec ton père. C'est ennuyeux et tu oublies ton téléphone portable. Tu dois rentrer à la maison.

2 **Lis les textes encore une fois, écoute la cassette et décide: Où es-tu? (1–10)**
Read the texts again, listen and decide: Where are you?

Exemple: **1** Je suis au musée.

3 **Lis, écoute et chante!**

1 Je vais au restaurant
Je vais au restaurant
Je suis au restaurant
Et je suis gourmand.

2 Je vais au cinéma
Je vais au cinéma
Je suis au cinéma
Et je bois un coca.

C'est marrant en ville
Au centre-ville
C'est vraiment bien
Avec les copains.

3 Je vais au café
Je vais au café
Je suis au café
Avec une grande télé.

4 Je vais au commissariat
Je vais au commissariat
Je suis au commissariat
J'ai perdu mon chat.

C'est marrant en ville
... etc.

5 Je vais à la piscine
Je vais à la piscine
Je suis à la piscine
Avec mes cousines.

C'est marrant en ville
... etc.

6 Je vais à la gare
Je vais à la gare
Je suis à la gare
Et le train est en retard.

7 Je vais à l'hôpital
Je vais à l'hôpital
Je suis à l'hôpital
Je me suis fait mal.

C'est marrant en ville
... etc.

8 Je vais aux magasins
Je vais aux magasins
Je suis aux magasins
À neuf heures du matin!

C'est marrant en ville
... etc. (x2)

En ville · *In town*

Il y a ...	*There is/are ...*
Il n'y a pas de ...	*There isn't/aren't ...*
Est-ce qu'il y a ...?	*Is there .../ Are there ...?*
Où est ...?	*Where is ...?*
Où sont ...?	*Where are ...?*
aussi	*also*
beaucoup de	*lots of*
on a	*we have*
ici	*here*

Les endroits · *Places*

la banque	*the bank*
la bibliothèque	*the library*
le bowling	*the bowling alley*
le café	*the café*
le camping	*the campsite*
le centre commercial	*the shopping centre*
le cinéma	*the cinema*
le collège	*the school*
le commissariat	*the police station*
l'église (f)	*the church*
la fête foraine	*the funfair*
la gare (SNCF)	*the station*
l'hôpital (m)	*the hospital*
l'hôtel (m)	*the hotel*
le magasin de vélos	*the bike shop*
les magasins	*the shops*
le marché	*the market*
le musée	*the museum*
le parc	*the park*
le parking	*the car park*
la patinoire	*the ice-rink*
la piscine	*the swimming pool*
la poste	*the post office*
le stade	*the stadium*
le supermarché	*the supermarket*
le tabac	*the newsagents*
les toilettes	*the toilets*

Les directions · *Directions*

Tu vas ...	*You go ... (informal)*
Vous allez ...	*You go ... (polite)*
Tu tournes ...	*You turn ... (informal)*
Vous tournez ...	*You turn ... (polite)*
à droite	*right (on the right)*
à gauche	*left (on the left)*
tout droit	*straight on*
puis	*then*
Je vais	*I go (I am going)*
Tu vas	*You go (You are going)*
Il va	*He goes (He is going)*
Elle va	*She goes (She is going)*
On va	*We go (We are going)*
Vous allez	*You go (You are going)*

Où es-tu? · *Where are you?*

Je suis au café.	*I'm at the café.*
Je suis à la banque.	*I'm at the bank.*
Je suis à l'église.	*I'm at church.*
Je suis aux magasins.	*I'm at the shops.*

Où vas-tu? · *Where are you going?*

Je vais au café.	*I'm going to the café.*
Je vais à la bibliothèque.	*I'm going to the library.*
Je vais à l'hôpital.	*I'm going to hospital.*
Je vais aux magasins.	*I'm going to the shops.*

Les opinions sur les endroits

Les opinions sur les endroits	Opinions about places
Tu viens?	*Are you coming?/ Do you want to come?*
super!/fantastique!	*great!*
d'accord	*agreed/OK*
pas de problème	*no problem*
J'aime bien ça.	*I like that.*
J'adore ça.	*I love that.*
Ça va.	*It's OK.*
Ça m'est égal.	*I don't mind.*
Si tu veux.	*If you want.*
Je ne sais pas.	*I don't know.*
Je n'aime pas ça.	*I don't like that.*
C'est (vraiment) nul.	*It's (really) rubbish.*
C'est ennuyeux.	*It's boring.*
C'est affreux.	*It's terrible.*
Je déteste ça.	*I hate that.*

Au snack-bar / At the snack-bar

Je voudrais ...	*I would like ...*
C'est combien?	*How much is it?*

Les boissons / Drinks

un café	*a coffee*
un chocolat chaud	*a hot chocolate*
un coca	*a cola*
un coca light	*a diet cola*
un fanta	*a fanta*
un jus d'orange	*an orange juice*
une limonade	*a lemonade*
un milkshake à la fraise	*a strawberry milkshake*
un orangina	*an orangeade*
un thé	*a tea*

Les snacks / Snacks

une glace à la fraise	*a strawberry ice-cream*
un hamburger	*a hamburger*
un hot-dog	*a hot-dog*

une portion de frites	*a portion of chips*
un sandwich au jambon/ au fromage	*a ham/cheese sandwich*
une tranche de pizza	*a slice of pizza*

Module 4

Stratégie 4
Mnemonics

One way of remembering new words is to invent a mnemonic, a rhyme or saying that sticks easily in the mind. Here's an example from the word list on page 78, but it's best to make up your own – you'll find them easier to remember/harder to forget.

My
Aunt
Gets
Alligator
Shoes
In
Normal
Shops

You can't learn every word like this, it would take ages! But it's a great way of learning those words that just don't seem to stick.

1 *Le matin* Talking about what you do in the morning
Using reflexive verbs

a

Je me réveille.

b

Je me lève.

c

Je me lave ou je me douche.

d

Je me brosse les dents.

e

Je m'habille.

f

Je prends le petit déjeuner.

g

Je vais au collège.

 **1** Écoute et lis.

 2 C'est quelle image? (1–7)

Exemple: 1 e

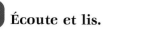 **3** Copie et complète.

1 Je _____ réveille à _____ heures et demie.
2 Je me _____ à sept heures moins vingt.
3 Je me _____ ou je me _____ à sept heures moins le quart.
4 Je _____ brosse les _____ à sept heures moins cinq.
5 Je m'_____ à sept heures.
6 Je _____ le petit déjeuner à sept heures dix.
7 Je _____ au collège à sept heures et demie.

Expo-langue

Reflexive verbs have **se** in front of the verb in the dictionary or word list.
Exemple: **se** réveiller = to wake up
se laver = to wash yourself/to get washed

When you use a reflexive verb, you need to change the ending and use the correct *reflexive pronoun*.
Exemple: je **me** lave = I get washed
tu **te** lave**s** = you get washed
il/elle/on **se** lave = he/she/we get(s) washed
The reflexive pronouns shorten before a vowel.
Do you recognise these?
je **m'**appelle
tu **t'**appelles
il/elle/on **s'**appelle

Pour en savoir plus ▶ pages 136 (3.5)

lire **4** **Lis le texte et réponds aux questions.**

À quelle heure …? = At what time …?

1 À quelle heure est-ce qu'elle se réveille?
2 À quelle heure est-ce qu'elle se lève?
3 Est-ce qu'elle se douche ou elle se lave?
4 À quelle heure est-ce qu'elle s'habille?
5 Où est-ce qu'elle prend le petit déjeuner?
6 À quelle heure est-ce qu'elle va au collège?

Le matin, le radio-réveil sonne à sept heures et je me réveille. Je me lève dix minutes plus tard, à sept heures dix. Normalement je me douche dans la salle de bains et après je me brosse les dents avec Tout Près. Je m'habille dans ma chambre à sept heures et demie et après, je prends le petit déjeuner dans la cuisine avec ma sœur. Je vais au collège à huit heures moins dix.

écouter **5** **Élodie parle de sa routine.**
Réponds aux questions de l'exercice 4. (1–6)

Élodie

parler **6** **À deux. Réponds aux questions.**

■ À quelle heure est-ce que tu te lèves?
● Je me lève à ▬▬.
■ Est-ce que tu te douches ou tu te laves?
● Je me lave/je me douche.
■ Avec quoi est-ce que tu te brosses les dents?
● Je me brosse les dents avec ▬▬.
■ Où est-ce que tu prends le petit déjeuner?
● Je prends le petit déjeuner dans ▬▬.
■ À quelle heure est-ce que tu vas au collège?
● Je vais au collège à ▬▬.

et = and
puis = then
normalement = normally
et après = and afterwards

écrire **7** **Utilise les images pour écrire un paragraphe sur ta routine.**

a 07:30

b 07:40

c 07:50

d 08:10

e 08:25

f 08:30

g 08:50

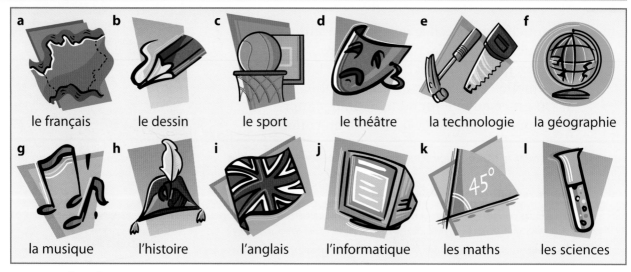

a le français	**b** le dessin	**c** le sport
d le théâtre	**e** la technologie	**f** la géographie
g la musique	**h** l'histoire	**i** l'anglais
j l'informatique	**k** les maths	**l** les sciences

☺☺ **J'adore** le français. ☺ **J'aime** la technologie. ☹ **Je n'aime pas** l'histoire. ☹☹ **Je déteste** les maths.

 1 Écoute et répète.

 2 Écris des phrases.

Exemple: 1 J'aime les sciences.

Expo-langue

When you say that you like/dislike something, you put **le/la/les** before the noun.
Exemple: J'aime **la** technologie. Je déteste **le** tennis.

Pour en savoir plus ▶ page 130 (1.3)

1 ☺   **2** ☹☹   **3** ☺☺   **4** ☺   **5** ☹  **6** ☹☹   **7** ☺☺   **8** ☹

3 Copie la grille. Note la matière et l'opinion. (1–10)

	Matière	Opinion
1	la musique	☹

4 Copie la grille. Pose des questions à 10 ou 20 personnes dans ta classe et note les réponses.

Exemple:

	☺☺	☺	☹	☹☹
l'anglais		l		

Tu aimes l'anglais?

Oui, j'aime l'anglais.

5 Écris les résultats.
Write the results.

… personnes	adorent/aiment/n'aiment pas/détestent	l'anglais, etc.
une personne	adore/aime/n'aime pas/déteste	

6 Lis l'e-mail de Luc. Puis choisis les bons mots pour compléter chaque phrase.

Exemple: **1** adorent

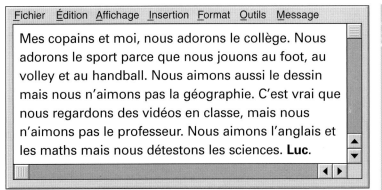

Fichier Édition Affichage Insertion Format Outils Message

Mes copains et moi, nous adorons le collège. Nous adorons le sport parce que nous jouons au foot, au volley et au handball. Nous aimons aussi le dessin mais nous n'aimons pas la géographie. C'est vrai que nous regardons des vidéos en classe, mais nous n'aimons pas le professeur. Nous aimons l'anglais et les maths mais nous détestons les sciences. **Luc.**

Expo-langue
We have seen that French people use the word **on** for *we*.
Another word for *we* is **nous**.
With **-er** verbs, the ending for **nous** is **-ons**.
Exemple: nous ador**ons**
nous regard**ons**

Pour en savoir plus ▶ **page 134 (3.3)**

1 Luc et ses copains *adorent/détestent* le collège.
2 Ils adorent *le sport/la technologie*.
3 Ils jouent *au handball/au cricket* en sport.
4 Ils *aiment/détestent* le dessin.
5 Ils n'aiment pas le professeur de *géographie/français*.
6 Ils *adorent/aiment* l'anglais.
7 Ils détestent *les sciences/le théâtre*.

7 À deux. Qu'est-ce que tu as en commun avec ton/ta partenaire? Complète les phrases pour faire un paragraphe.
What do you have in common with your partner? Complete the sentences to make a paragraph.

Au collège, nous adorons ▬▬▬.
Nous aimons aussi ▬▬▬. Mais nous n'aimons pas ▬▬▬.
Finalement, nous détestons ▬▬▬.

Expo-langue
-er verbs
We have now met all the endings for **-er** verbs.
Learn them by heart.
détest**er** = **to** hate
je détest**e**
tu détest**es**
il/elle/on détest**e**
nous détest**ons**
vous détest**ez**
ils/elles détest**ent**

Pour en savoir plus ▶ **page 134 (3.3)**

Que penses-tu des maths?

a Roland — *C'est amusant.*

b Layla — *C'est intéressant.*

c Rafiki — *C'est ennuyeux.*

d Jean-Pascal — *C'est facile.*

e Anaïs — *C'est difficile.*

f Makiko — *Le prof est sympa.*

g Charlène — *Le prof est trop sévère.*

h Afram — *Nous avons beaucoup de devoirs.*

i Ève — *C'est ma matière préférée.*

écouter 1 Qui parle? Note le prénom. (1–9)

Exemple: **1** Layla

lire 2 Lis les phrases. Pour chaque phrase, décide: sens ou non-sens?

Exemple: **1** non-sens

1 Je n'aime pas la musique parce que c'est intéressant.

2 J'adore le sport parce que c'est amusant.

3 J'aime le français parce que le prof est sympa.

4 Je déteste les maths parce que c'est ma matière préférée.

5 J'aime la technologie parce que c'est ennuyeux.

6 J'adore l'anglais parce que nous avons beaucoup de devoirs et c'est difficile.

7 J'aime l'histoire parce que le prof est trop sévère.

parler 3 À deux. Lis la conversation, puis répète-la et change les détails.

- ■ **Tu aimes le dessin?**
- ● **Non, je n'aime pas le dessin.**
- ■ **Pourquoi?**
- ● Parce que **c'est ennuyeux.**

> pourquoi? = why?
> parce que = because

4 **Écris ton opinion sur huit de tes matières.**
Write your opinion of eight of your subjects.

Exemple: J'aime l'anglais parce que c'est amusant.

 5 **Lis l'e-mail. Puis corrige l'erreur dans chaque phrase.**

Exemple: Élodie adore l'histoire.

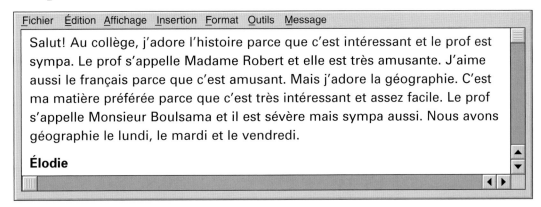

Fichier Édition Affichage Insertion Format Outils Message

Salut! Au collège, j'adore l'histoire parce que c'est intéressant et le prof est sympa. Le prof s'appelle Madame Robert et elle est très amusante. J'aime aussi le français parce que c'est amusant. Mais j'adore la géographie. C'est ma matière préférée parce que c'est très intéressant et assez facile. Le prof s'appelle Monsieur Boulsama et il est sévère mais sympa aussi. Nous avons géographie le lundi, le mardi et le vendredi.

Élodie

1 Élodie déteste l'histoire.
2 Son prof d'histoire s'appelle Madame Henry.
3 Madame Robert est très sévère.
4 Élodie aime le français parce que c'est facile.
5 Sa matière préférée est le théâtre.
6 Son prof de géographie s'appelle Madame Boulsama.

Intensifiers:
très = very
assez = quite
trop = too
un peu = a little bit
Connectives:
et = and
parce que = because
mais = but

 6 **Écris une réponse à l'e-mail d'Élodie.**

● Say which subjects you like/don't like and why.
● Use the words above to make your written work more interesting.
● Add extra details, like your teachers' names and when you have your subjects.

J'aime … J'adore … Je n'aime pas … Je déteste …	parce que	c'est … le prof est …	amusant facile intéressant sympa difficile ennuyeux sévère
		nous avons beaucoup de devoirs c'est ma matière préférée	
Mon prof s'appelle … Nous avons … le lundi, etc.			

Mini-test

I can …
■ describe my morning routine
■ say what I think of six school subjects
■ say why I like/dislike each subject
■ ask someone if he/she likes a subject, and why
■ make three longer sentences using *parce que*

L'emploi du temps de Chloé

	lundi	mardi	mercredi	jeudi	vendredi	samedi
8h	✕	maths		sciences	✕	✕
9h	histoire-géo	histoire-géo		maths	étude	anglais
10h–10h15	récréation					
10h15	anglais	sport		technologie	français	musique
11h15	maths	sport		technologie	français	français
12h15–1h45	déjeuner					
1h45	sport	étude		histoire-géo	anglais	
2h45	sport	anglais		français	maths	
3h45	dessin	français		✕	sciences	

1 Chloé parle de son emploi du temps. Vrai ou faux? (1–10)

étude = supervised study time
histoire-géo = humanities

2 Écoute et répète.
ré-cré-a-tion, de-scrip-tion, po-si-tion, am-bi-tion

In words like **récréation**, the '**tion**' part sounds like this: *ssee-on* and not like this: *shee-on*. Build up the words, a bit at a time: *re-cré-a-tion*

3 À deux. Tu es Chloé. Invente d'autres phrases sur ton emploi du temps. Ton/ta partenaire dit 'Vrai' ou 'Faux'.

Exemple: ■ Le samedi à dix heures et quart, j'ai musique.
● C'est vrai!

4 Copie et complète.

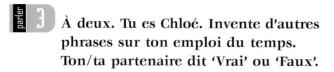

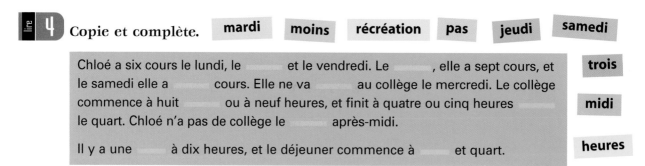

Chloé a six cours le lundi, le _____ et le vendredi. Le _____, elle a sept cours, et le samedi elle a _____ cours. Elle ne va _____ au collège le mercredi. Le collège commence à huit _____ ou à neuf heures, et finit à quatre ou cinq heures _____ le quart. Chloé n'a pas de collège le _____ après-midi.

Il y a une _____ à dix heures, et le déjeuner commence à _____ et quart.

mardi moins récréation pas jeudi samedi trois midi heures

un cours = a lesson

5 Écris ton emploi du temps en français.
Write out your own timetable in French.

écouter 6 **Lis la lettre de Magali à sa correspondante. Écoute la cassette. Fais une liste des mots qui manquent. Adjectifs, verbes ou noms?**

Bonjour Julie!

Ça va? Qu'est-ce que tu fais pendant la semaine?

Tu **(a)** ▬▬ au collège chaque jour? Le samedi aussi? Moi je ne vais pas au collège le samedi – c'est super! Mais le **(b)** ▬▬ – c'est affreux. Je me lève à sept **(c)** ▬▬ parce que le collège commence à huit heures et demie. Et puis la journée scolaire commence par les maths. Je **(d)** ▬▬ les maths parce que c'est trop difficile et le prof est très sévère. Nous **(e)** ▬▬ beaucoup de devoirs.

Je n'aime pas ça. C'est vraiment **(f)** ▬▬ parce que je préfère regarder la télé le soir. J'ai la télé dans ma chambre et il y a aussi un ordinateur. Le deuxième cours, le dessin, commence à dix heures et quart. C'est assez intéressant, mais le prof n'est pas très **(g)** ▬▬. Après le déjeuner il y a le sport. Ça, c'est vraiment nul! Je déteste tous les sports. Le soir chez nous on **(h)** ▬▬ le dîner et on mange à sept heures et demie. Normalement, je fais mes devoirs après le dîner et puis je téléphone à mes **(i)** ▬▬. Quelquefois je suis un peu **(j)** ▬▬ et je ne fais pas mes devoirs!

Magali

Adjectifs	Verbes	Noms

lire 7 **Cherche les mots inconnus dans le vocabulaire.**

écrire 8 **Écris une interview avec Magali. Trouve les réponses dans la lettre.**

- Tu vas au collège le samedi?
- À quelle heure te lèves-tu le lundi? Pourquoi?
- Quelles matières aimes-tu? Pourquoi?
- Quelles matières n'aimes-tu pas? Pourquoi?
- Tu es sportive?
- Que fais-tu le soir?
- Tu fais toujours tes devoirs?

toujours = always

parler 9 **Et toi? À deux. Pose et réponds aux questions de l'exercice 8.**

écrire 10 **Écris une réponse à la lettre de Magali. Utilise tes réponses de l'exercice 9.**

écouter **1** Écoute et lis les phrases.

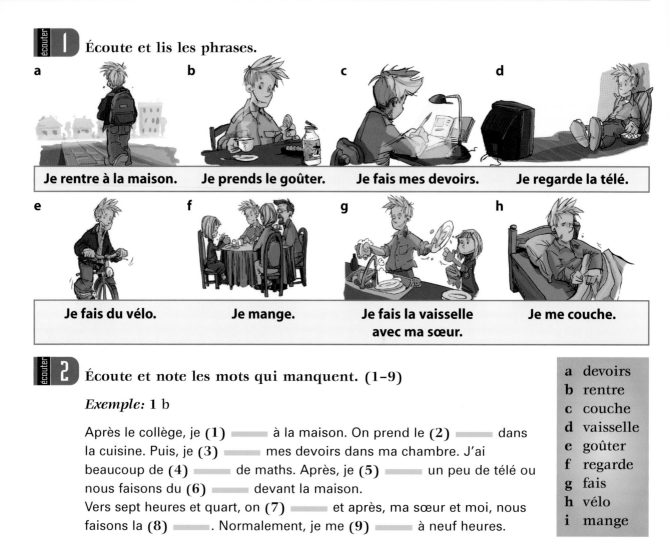

a Je rentre à la maison.   **b** Je prends le goûter.

c Je fais mes devoirs.   **d** Je regarde la télé.

e Je fais du vélo.   **f** Je mange.

g Je fais la vaisselle avec ma sœur.   **h** Je me couche.

écouter **2** Écoute et note les mots qui manquent. (1–9)

Exemple: 1 b

Après le collège, je (**1**) ▬▬ à la maison. On prend le (**2**) ▬▬ dans la cuisine. Puis, je (**3**) ▬▬ mes devoirs dans ma chambre. J'ai beaucoup de (**4**) ▬▬ de maths. Après, je (**5**) ▬▬ un peu de télé ou nous faisons du (**6**) ▬▬ devant la maison.
Vers sept heures et quart, on (**7**) ▬▬ et après, ma sœur et moi, nous faisons la (**8**) ▬▬. Normalement, je me (**9**) ▬▬ à neuf heures.

a	devoirs
b	rentre
c	couche
d	vaisselle
e	goûter
f	regarde
g	fais
h	vélo
i	mange

parler **3** Prépare un exposé: 'Après le collège'. Remplace les images par des mots.
Prepare a presentation: 'After school'. Replace the pictures with words.

Après le collège, je rentre à la 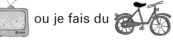 à . Je prends le goûter dans le .

Puis je fais mes dans ma . J'ai beaucoup de de .

Après, je regarde la ou je fais du .

À 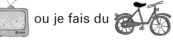, je mange et après, je fais la 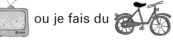 avec mon 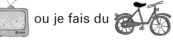. Normalement, je me

couche à .

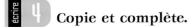 **4** Copie et complète.

1 Je _____ mes devoirs.
2 On _____ du vélo.
3 Elle _____ la vaisselle.
4 Nous _____ un gâteau.
5 Ils _____ la vaisselle.
6 Tu _____ du français au collège?

> **Expo-langue**
>
> **Faire** = *to do* or *to make*
> It is an **irregular** verb: it follows a
> pattern of its own.
>
> | | |
> |---|---|
> | je fais | nous faisons |
> | tu fais | vous faites |
> | il/elle/on fait | ils/elles font |
>
> **Faire** is used with some activities, too.
> ***Exemple:*** je fais du vélo
> In English, you *go* cycling, but in
> French, you *do* cycling.
>
> **Pour en savoir plus ▶ page 136 (3.4)**

Pour m'endormir ... je compte les moutons!

un deux trois

 **5** Continue la liste de nombres.

68 soixante-huit (60 + 8)	80 quatre-vingts (4 × 20)
69 soixante-neuf (60 + 9)	81 quatre-vingt-un (4 × 20 + 1)
70 soixante-dix (60 + 10)	82 quatre-vingt-deux (4 × 20 + 2)
71 soixante et onze (60 + 11)	83 () 84 (4 × 20 + ?) ...
72 (60 + 12) 73 (60 + ?) ... 79 (60 + ?)	100 cent

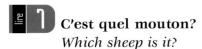 **6** Note le dernier nombre (1–6).

Exemple: **1** 72

7 C'est quel mouton?
Which sheep is it?

32 *58*

quatre-vingt-cinq **soixante-trois**

24 *70*

trente-deux **vingt-quatre**

quarante-six **quatre-vingt-seize**

96 *85*

46 *63*

cinquante-huit **soixante-dix**

Unité 1

I can

- talk about my morning routine — *Je me lève/Je me lave/...*
- ask somebody when he/she gets up — *À quelle heure est-ce que tu te lèves?*

G use reflexive verbs correctly with *je, tu, il/elle* — *Je me réveille/Tu te douches/ Elle s'habille.*

G use some adverbs — *après, normalement*

Unité 2

I can

- list my school subjects — *le français, les maths, ...*
- say what I like/dislike — *J'aime le dessin/Je n'aime pas le sport/...*
- ask somebody if he/she likes a subject — *Tu aimes l'histoire?*

G understand what *nous* means — *nous aimons*

G use all *-er* verb endings correctly — *Je déteste, tu adores, il/elle aime, nous jouons, vous détestez, ils/elles regardent ...*

Unité 3

I can

- give reasons for liking/disliking something — *C'est ennuyeux/ C'est intéressant.*
- ask 'why?' — *Pourquoi?*
- use connectives to link my sentences — *parce que/et/mais J'adore l'histoire parce que c'est intéressant.*
- use intensifiers before adjectives — *très/assez/un peu/trop Le prof est très amusant.*

Unité 4

I can

- understand a school timetable — *La récréation commence à 10 heures ...*
- describe my own school timetable — *Lundi, à 8 heures, j'ai maths.*

Unité 5

I can

- talk about my evening routine — *Je rentre à la maison ...*
- say when I go to bed — *Je me couche à 10 heures.*
- count from 69 to 100 — *soixante-neuf, soixante-dix, ...*

G use the verb *faire* correctly — *Je fais mes devoirs/ Nous faisons la vaisselle.*

1 Copie la grille. Mets la matière dans la bonne colonne. (1–6)
Copy the grid. Put the school subject in the right column.

a   b   c   d   e   f

	☺☺	☺	☹	☹☹
1		e		

2 Copie et complète.

1 Elle se lève à ▬▬.
2 Elle s'habille dans ▬▬.
3 Elle va au collège à ▬▬.
4 Elle fait ses ▬▬ dans la salle à manger.
5 Le week-end, elle se couche à ▬▬.

3 À deux. Répète la conversation. Remplace les symboles par des mots.

■ Tu aimes ?

■ Pourquoi?

■ ?

● ☺

● Parce que c'est et c'est très

●   / /

4 Lis le texte. Complète chaque phrase correctement.

1 Le collège s'appelle *à 8h30/le collège Sartre/le mercredi.*
2 Il y a *63/73/83* professeurs.
3 Il y a *930/940/950* élèves.
4 Les élèves ne font pas du *dessin/français/de l'informatique.*
5 Le collège commence à *7h55/8h00/ 8h15.*
6 Le collège finit à *3h30/4h30/5h30.*
7 A 9h45 il y a *la récréation/l'heure du déjeuner/français.*
8 Il n'y a pas de collège le *lundi/ mardi/mercredi.*

> Le Collège Sartre a soixante-treize professeurs et neuf cent trente élèves.
>
> Le programme pour la 6ème consiste en ces matières: le français et l'anglais; les maths, les sciences et la technologie; l'histoire-géo; le sport, la musique et le dessin.
>
> Le collège commence à huit heures moins cinq et finit à quatre heures et demie.
> Il y a une récréation à dix heures moins le quart, et l'heure du déjeuner est à midi.
> Il n'y a pas de cours le mercredi ni le samedi après-midi.

5 Écris ton opinion de chaque matière.

a   b   c   d   e

Collège Racine

 Précédente Suivante Arrêter Actualiser Démarrage Imprimer Courrier

Bienvenue sur la page web de la classe de 6èmeB, collège Racine.

Notre collège et notre classe

Dans notre collège, il y a huit cent élèves et soixante-dix professeurs. Dans notre classe, il y a vingt-trois élèves: dix filles et treize garçons. Nous avons entre onze et douze ans.

Nos bios

Nom: BAREL Déborah
Frères et sœurs: 1 sœur
Caractéristiques: aime le ping-pong
Matière préférée: maths
Métier préféré: architecte

Nom: LEMOINE Marianne
Frères et sœurs: non
Caractéristiques: adore la danse
Matière préférée: sport
Métier préféré: professeur d'éducation physique

Nom: KADI Yvan
Frères et sœurs: 2 frères
Caractéristiques: adore la Playstation
Matière préférée: sport/anglais
Métier préféré: journaliste

Nom: MAZZOCCHI Cédric
Frères et sœurs: 1 sœur et 1 frère
Caractéristiques: aime la musique
Matière préférée: histoire-géographie
Métier préféré: pilote

Nos profs

1 Notre prof de maths s'appelle Madame Danan. Elle a les cheveux noirs et courts et les yeux verts. Elle est assez grande et très sympa, mais elle nous donne beaucoup de devoirs.

2 Nous n'aimons pas Monsieur Marenco, qui est notre professeur de français. Il n'est pas amusant et il est très sévère. Il est assez sarcastique. Il est petit et il a les cheveux marron et les yeux bleus.

3 Notre prof d'anglais s'appelle Madame McIntosh et elle est d'origine britannique. Elle habite en France parce que son mari est français. Elle a les cheveux roux et les yeux bleus et elle est très amusante. En classe, on chante des chansons comme 'Old MacDonald had a farm'.

4 Monsieur Giraud est notre professeur de sport. Il est super-cool! Il adore le foot et le rugby, et il est très beau. Il a les cheveux blonds et il porte des lunettes. Nous adorons Monsieur Giraud!

a 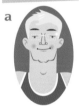 b  c  d

Notre emploi du temps

Le collège Racine commence à huit heures et quart et finit à cinq heures. Nous avons six ou sept classes différentes par jour. Il y a une récréation entre dix heures cinq et dix heures vingt.

Pendant l'heure du déjeuner, soixante-douze pour cent des élèves rentrent à la maison. Le reste des élèves mangent à la cantine.

lire **1** Copie et complète pour le collège Racine.

Nom du collège: _____

Nombre d'élèves: _____

Nombre de professeurs: _____

Classe de 6èmeB: nombre d'élèves: _____

nombre de filles: _____

nombre de garçons: _____

âges: entre _____ et _____ ans

Heures du collège: le collège commence à ___ h___ et finit à ___ h___

la récréation commence à ___ h___ et finit à ___ h___

Le déjeuner: ___ % des élèves mangent à la maison.

___ % des élèves mangent à la cantine

écouter **2** Copie et complète les bios pour quatre autres élèves de la classe de 6èmeB.
Copy and complete the IDs for four other pupils in class 6B.

Nom et prénom:
Frères et sœurs:
Caractéristiques:
Matière(s) préférée(s):
Métier préféré:

lire **3** Relie les images des professeurs et les descriptions sur la page web.

Exemple: 1 c

écrire **4** Voici deux autres professeurs de ce collège. Imagine les détails et écris une description.

parler **5** Prépare un exposé sur ton professeur préféré (réel ou imaginaire).
Prepare a presentation on your favourite teacher (real or imaginary).

Il/elle s'appelle … et il/elle est professeur de …

Il/elle a les cheveux … et les yeux …

Il/elle est amusant(e)/sympa/sévère

Je l'aime parce que …

Je l'aime parce que … = I like him/her because …

écrire **6** En groupes. Préparez une page web sur votre collège ou sur un collège imaginaire.

Les numéros

Allô? French phone numbers usually have 8 digits.

Exemple: 12–34–56–78

When you hear a phone number, it is said like this:

> douze ...
> trente-quatre ...
> cinquante-six ...
> soixante-dix-huit

1 Regarde la liste de numéros de téléphone. Qui parle? Note le prénom. (1–8)

Exemple: 1 Marianne

Déborah	46–36–87–86
Cédric	46–03–54–76
Marianne	46–35–21–11
Sophie	46–08–08–55
Nicolas	46–02–57–61
Isabelle	46–12–12–01
Juliette	46–21–69–90
Adrien	46–06–36–06

2 À deux. Invente six numéros de téléphone. Dis les numéros à ton/ta partenaire.

Exemple: 19–04–63–76

- ■ Quel est ton numéro de téléphone?
- ● C'est le dix-neuf, zéro quatre, soixante-trois, soixante-seize.

3 Copie et complète.
Copy and complete.

Do the ones you can do first.
Look at the answers you have left.
Try to work out what the other sentences might mean and guess the answers!

1 La Saint-Valentin, c'est le ▨▨▨ février.
2 Il y a ▨▨▨ joueurs dans une équipe de foot.
3 Il y a ▨▨▨ semaines dans une année.
4 Le premier ministre de la Grande-Bretagne habite au numéro ▨▨▨ Downing Street.
5 Il y a ▨▨▨ pages dans module 3.
6 Il y a ▨▨▨ jours en octobre.
7 Il y a ▨▨▨ cents dans un euro.
8 La fête nationale de l'Amérique, c'est le ▨▨▨ juillet.
9 Il y a ▨▨▨ joueurs dans une équipe de rugby.
10 Il y a ▨▨▨ continents.

> **cinquante-deux quatre dix-huit cent quatorze**
> **sept onze dix trente et un quinze**

4 Lis, écoute et chante!

1
Tous les matins
À six heures vingt
Il se réveille.
Il se dit 'Aïe!'
Il est au lit
Quand sa mère crie:
'Nicolas! Lève-toi!'

Refrain

3
Au collège il fait
Des maths et de l'anglais.
Les profs sont sympa
Mais l'histoire? Oh là là ...
Ses amis adorent
Le français et le sport
Mais Nicolas, lui
Il préfère rester au lit.

Refrain
Sa routine, en semaine
Il se lève, il se douche
Il va au collège, il se couche
Sa routine, toujours la même ...
Mais vive le week-end!

Refrain

4
À cinq heures vingt
Il rentre en train.
Il prend son goûter,
Puis il regarde la télé.
Plus tard le soir
Il fait ses devoirs
Puis il va au lit:
La routine, c'est la vie.

2
À sept heures moins vingt
Il mange du pain.
Il prend un café
(Toujours au lait) ...
Il se brosse les dents
Met un tee-shirt blanc
Un joli jean beige
Et va au collège.

Refrain

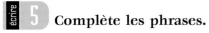

5 Complète les phrases.

1 Nicolas se réveille à _____.
2 Il habite avec _____.
3 Il prend le petit déjeuner à _____.
4 Pour le petit déjeuner, Nicolas
   prend _____ et _____.
5 Pour le collège, il s'habille en
   _____ et _____.
6 Il _____ ses professeurs.

7 Nicolas n'aime pas _____.
8 Ses amis aiment _____ et _____.
9 Nicolas préfère rester au _____.
10 Il rentre à la maison à _____.
11 Le soir, il _____ la télé et il _____
   ses devoirs.
12 Après, il se _____.

La routine du matin — *Morning routine*

À quelle heure est-ce que tu te lèves?	*What time do you get up?*
Je me brosse les dents.	*I brush my teeth/ I'm brushing my teeth.*
Je me douche.	*I have a shower/ I'm having a shower.*
Je m'habille.	*I get dressed/I'm getting dressed.*
Je me lave.	*I have a wash/I'm having a wash.*
Je me lève.	*I get up/I'm getting up.*
Je me réveille.	*I wake up/I'm waking up.*
Je prends le petit déjeuner.	*I have breakfast/ I'm having breakfast.*
Je vais au collège.	*I go to school/I'm going to school.*
et	*and*
puis	*then*
normalement	*normally*
et après	*and afterwards*

Les matières scolaires — *School subjects*

l'anglais	*English*
le dessin	*art*
le français	*French*
la géographie	*geography*
l'histoire	*history*
l'histoire-géo	*humanities*
l'informatique	*IT*
les maths	*maths*
la musique	*music*
le sport	*PE*
la technologie	*technology*
le théâtre	*drama*
les sciences	*science*

Les opinions — *Opinions*

Tu aimes …?	*Do you like …?*
J'adore …	*I love …*
J'aime …	*I like …*
Je n'aime pas …	*I don't like …*
Je déteste …	*I hate …*
pourquoi?	*why?*
parce que	*because*
C'est …	*It is …*
amusant	*fun*
difficile	*hard*
ennuyeux	*boring*
facile	*easy*
intéressant	*interesting*
ma matière préférée	*my favourite subject*
assez	*quite*
très	*very*
trop	*too*
un peu	*a little bit*
et	*and*
mais	*but*
le prof	*the teacher*
sévère	*strict*
sympa	*nice*
Nous avons beaucoup de devoirs.	*We have a lot of homework.*

L'emploi du temps — *The timetable*

la cantine	*the canteen*
commencer	*to start*
finir	*to finish*
un cours	*a lesson*
l'étude	*supervised study time*
les maths	*maths*
les sciences	*science*
le déjeuner	*lunch*
la récréation	*the break*
toujours	*always*

La routine du soir | *Evening routine*

Je me couche.	*I go to bed.*
Je fais mes devoirs.	*I do my homework.*
Je fais du vélo.	*I go cycling.*
Je fais la vaisselle.	*I do the washing-up.*
Je mange.	*I eat.*
Je prends le goûter.	*I have a snack.*
Je regarde la télé.	*I watch television.*
Je rentre à la maison.	*I go home.*
le week-end	*at the weekend*

Les nombres 69–100 | *Numbers 69–100*

soixante-neuf	69
soixante-dix	70
soixante et onze	71
soixante-douze	72
soixante-treize	73
soixante-quatorze	74
soixante-quinze	75
soixante-seize	76
soixante-dix-sept	77
soixante-dix-huit	78
soixante-dix-neuf	79
quatre-vingts	80
quatre-vingt-un	81
quatre-vingt-dix	90
quatre-vingt-onze	91
quatre-vingt-douze	92
quatre-vingt-treize	93
quatre-vingt-quatorze	94
quatre-vingt-quinze	95
quatre-vingt-seize	96
quatre-vingt-dix-sept	97
quatre-vingt-dix-huit	98
quatre-vingt-dix-neuf	99
cent	100

Module 5

Stratégie 5

Words that won't go away!

When you learn French in *Expo* you see that some words come up again and again. No matter what you're talking about they're there all the time. These are "high-frequency words". Because they occur so often they are extremely important. You need to know what they mean.

Look through the words on pages 96 and 97 and make a list of what you think are high frequency words. Write down what they mean in English. Here are three to start you off:

je
très
à

6 On s'amuse

1 *Le sport et les jeux* Talking about sports and games
Using *jouer* + *à*

☺ ?	☺ ☺	☺	☺	☹	☹ ☹
Tu aimes …?	J'adore	J'aime	Ça va	Je n'aime pas	Je déteste

1 Regarde les images. C'est quel jeu? C'est quelle opinion? (1–10)
Look at the pictures. What game is it? What do they think of it?

Exemple: 1 f ☹

a le billard b le football c le rugby d le basket e le tennis

f le volley-ball g le hockey sur glace h le tennis de table/ le ping-pong i les cartes j les échecs

2 Interviewe tes camarades.

Exemple:

Tu aimes le foot?

Oui, j'aime le billard.

Non, je n'aime pas le foot. Tu aimes le billard?

3 Les fanas de jeux. Note le jeu et le jour. (1–8)

Exemple: 1 f, ven

lun ven dim
mer sam
mar
jeu

le lundi = on Mondays
tous les jours = every day

Expo-langue

To say you play a sport use **jouer à**:
Exemple: Je joue ~~à le~~ foot → Je joue **au** foot
Je joue ~~à les~~ échecs → Je joue **aux** échecs

Pour en savoir plus ▶ page 142 (4.3)

en été   en hiver   tous les jours

4 Écoute et lis les textes. Regarde les images. Qui est-ce?

Exemple: **a** Fabien

a   b   c   d   e

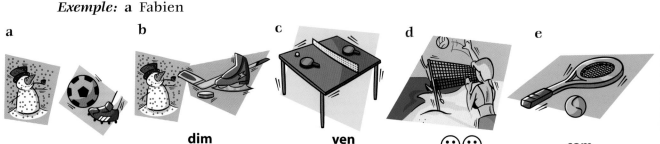

dim   **ven**   ☺☺   **sam**

J'adore le volley-ball. Je joue au volley tous les jours. J'aime aussi le foot. Je joue au foot en hiver. J'ai aussi des leçons de tennis le samedi. Je suis très sportif, mais je n'aime pas le rugby.

Fabien

Je joue au billard avec mon demi-frère. On joue à la maison, normalement le samedi. Je joue au tennis de table au club des jeunes le vendredi. Mais je préfère le billard. Ma grande, grande passion, c'est le hockey sur glace. Je joue au hockey sur glace le dimanche en hiver. C'est marrant.

Mona

5 À tour de rôle. Fais des phrases. Utilise les images dans l'exercice 4.

Exemple: **a** Je joue au foot en hiver.

6 Imagine que tu es Hanif Actif. Écris un paragraphe sur tes activités.

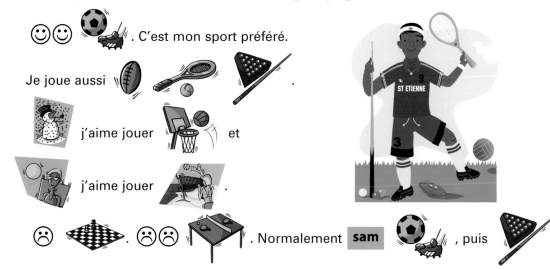

☺☺ ⚽ . C'est mon sport préféré.

Je joue aussi _____ .

_____ j'aime jouer _____ et

_____ j'aime jouer _____ .

☹ _____ . ☹☹ _____ . Normalement **sam** _____ , puis _____ .

écouter 1   C'est quelle image? (1–8)

 Je joue ...

Exemple: 1 e

a
du saxophone

b
du piano

c
du violon

d
du clavier

e
de la guitare

f
de la trompette

g
de la batterie

h
Je ne joue pas d'instrument.

parler 2   À tour de rôle. Regarde les images.

Exemple:

■ Tu joues d'un instrument?
● Oui, je joue du piano.

Expo-langue

To say you play an instrument use
jouer de:
Exemple: Je joue de le piano
→ Je joue **du** piano
Exemple: Je joue de la guitare
→ Je joue **de la** guitare

Pour en savoir plus ▶ page 142 (4.3)

écouter 3   Écoute les cinq jeunes. Copie et remplis la grille.

Prénom	☺	Quand?	Bien ou mal?	☹
Luc	piano	x2	bien	violon
Élodie				
Chloé				
Hakim				
Thomas				

une/deux/trois fois par semaine
= *once/twice/three times a week*

lire **4** **Relie les textes et les images.**

a 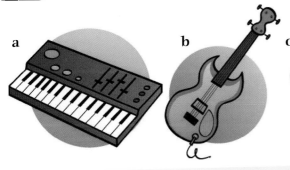 b  c d

1 J'adore jouer de la guitare électrique. La guitare, c'est mon instrument préféré. J'ai des leçons le samedi. Je joue dans un groupe qui s'appelle NRJ. Je joue de la guitare dans ma chambre tous les jours.

Marc

2 Moi, je joue du piano et du clavier électronique. Je joue chez moi dans le salon. J'adore ça. Mon petit frère joue du violon. C'est affreux. Il ne joue pas bien. Il est vraiment nul. J'ai des leçons de musique le lundi, après le collège.

Christian

3 Je préfère la batterie. Je joue de la batterie chez mon copain Samuel. Je joue du saxo aussi, mais c'est un peu difficile. Mon père ne joue pas d'instrument mais il aime chanter dans la salle de bains. Affreux!

Catherine

4 Je ne joue pas d'instrument. Je préfère écouter de la musique. Ma sœur joue de la trompette mais moi, je joue au foot. Je joue au foot tous les jours, en été et en hiver.

Sylvie

lire **5** **Réponds en anglais.**

1 What does Sylvie like doing?
2 When does Marc play the guitar?
3 What does Christian's brother do?
4 What does Christian think of the piano and keyboards?
5 Which two instruments does Catherine play?
6 What does Catherine say about her father?

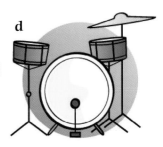

écrire **6** **Continue le paragraphe de Patrick.**

Voici ma famille. Ma mère est chanteuse. Elle chante bien ...

J'aime ...

a faire du sport

b faire du vélo

c faire du skate

d faire du judo

e faire de la planche à voile

f faire la cuisine

g faire du ski

h faire les magasins

écouter 1 C'est quelle activité? (1–8)

Exemple: 1 b

écouter 2 Qui est-ce: Aïsha, Hanif ou Jean-Luc? Regarde les symboles. Écris A, H ou J-L.

Exemple: a J-L

☺☺ = J'adore

☺ = J'aime

😐 = Ça va

☹ = Je n'aime pas

☹☹ = Je déteste

parler 3 Choisis une activité et interviewe cinq camarades.

Exemple:

■ Tu aimes faire du sport?
● Non, je n'aime pas faire du sport. C'est nul. Tu aimes faire du ski?

Expo-langue

To say you like doing something, use **aimer** + the infinitive of the verb that follows:

Exemple: J'**aime jouer** au foot = I like playing football
Je n'**aime** pas **faire** du vélo = I don't like cycling
J'**aime aller** au cinéma = I like going to the cinema

Pour en savoir plus ▶ page 139 (3.10)

4 **Lecture rapide. Lis les textes et regarde les images.**
Qui est-ce? Hakim ou Élodie? Écris H ou E.

1  **2**  **3**  **4**

> Bonjour, je suis Hakim. Comme **loisirs**, j'aime lire des BD. **La lecture** est super, **à mon avis**. J'aime surtout **les histoires** d'Harry Potter. J'adore regarder la télé aussi, bien sûr. Les Simpson, c'est vraiment super! J'aime aussi regarder des DVD chez moi dans ma chambre, et le dimanche je joue au foot avec mon père.

> Salut. Je m'appelle Élodie. J'aime jouer sur l'ordinateur et sur ma **console de jeu**. Les jeux vidéo sont supers! **Surtout** un jeu qui s'appelle Myst. J'adore aller en ville avec mes copains et aller au cinéma. Mon film préféré est *Austin Powers 1*. J'aime **envoyer des textos**, surfer sur l'Internet, aller au Macdo et manger des pizzas.

 **5** **Lecture détaillée. Relis les textes. Trouve les expressions.**
Reading for detail. Read the texts again. Find the expressions.

especially   stories

leisure-time activities   games console   reading   in my opinion   to send text messages

6 **Écris les paragraphes pour Sophie et Laurent.**

Bonjour. Je m'appelle Sophie. J' ▬▬▬
douze ▬▬▬. J'adore ▬▬▬ au basket et
j' ▬▬▬ jouer au ▬▬▬. J'aime aussi aller
▬▬▬ cinéma mais je n' ▬▬▬ pas ▬▬▬
du ▬▬▬.

Prénom: Sophie   **Âge:** 12 ans
Sports: ☺☺ basket, ☺ volley
Loisirs: ☺ cinéma, ☹ ski

Prénom: Laurent   **Âge:** 13 ans
Sports: ☺ foot, 😐 tennis
Loisirs: ☺☺ lecture, ☹ jeux vidéo

 **Mini-test**

I can ...
- say what sports I play and how often
- ask what sports other people play
- say what instruments I play and how often
- say what I like to do in my spare time
- give my opinion about sports and hobbies

Au centre de loisirs on peut ...

a

faire du patin à glace

b
faire du bowling

c
faire de la natation

d

faire de la danse

e
faire du skate

f
faire de la gymnastique

g

jouer au baby-foot et au flipper

h

acheter des articles de sport

écouter 1 C'est quelle activité? Mets les huit lettres dans le bon ordre.

parler 2 À deux. Regarde le programme.

Exemple:

- Qu'est-ce qu'on peut faire à 15h?
- On peut jouer au mini-golf.

Programme pour l'échange Dijon – St Albans	
8h30	arrivée
9h00	natation/skate
10h30	foot/patin à glace
11h00	cafétéria (+ baby-foot, flipper, billard)
13h00	bowling
15h00	mini-golf
16h00	judo/danse/gymnastique
17h30	départ

écrire 3 Regarde le programme et continue le texte.

Exemple: On arrive à huit heures et demie. À neuf heures on peut nager ou faire du skate ...

Expo-langue

To say we can do something, use **on peut** + the infinitive:
Exemple: **On peut faire** du patin à glace.
On peut jouer au mini-golf.

Pour en savoir plus ▶ page 139 (3.10)

4 Écoute et lis le texte. Trouve les expressions qui manquent. (1–8)

Le nouveau centre de loisirs est vraiment super. On peut y faire plein de choses. **(1)** ——, on peut faire du roller et du skate, on peut acheter des frites **(2)** —— jouer au billard. **(3)** —— un mini-golf. Il y a **(4)** —— une piscine **(5)** —— un toboggan géant. **(6)** —— courts de tennis mais on peut pratiquer beaucoup de sports dans la grande salle. **(7)** —— faire des cours de judo, de karaté, etc. On peut jouer aux jeux vidéo dans la cafétéria. Il y a aussi un magasin **(8)** —— on peut acheter plein de choses pour le sport.

un toboggan géant

Par exemple	On peut	avec	aussi
Il y a	Il n'y a pas de	ou	où

plein de choses = loads of things

ou = or
où = where

5 Relis le texte. Vrai ou faux?

1 On peut acheter plein de choses au nouveau centre de loisirs.
2 Il y a deux courts de tennis.
3 On peut nager.
4 Il n'y a pas de cafétéria.
5 Il y a un toboggan dans le magasin.
6 On peut acheter des articles de sport dans la grande salle.

6 Copie et complète les phrases qui disparaissent.
Copy out and complete the disappearing sentences.

Il y a une cafétéria où on peut jouer ...
Il y a une patinoire où on peut faire ...
Il y a des courts de tennis où on ...
Il y a une grande salle où on ...
Il y a une piscine où ...
Il y a un magasin ...
Il y a ...
...

Je vais ...

a faire de la voile

b faire de la planche à voile

c faire du camping

d aller à la pêche

e faire du canoë

h faire du VTT

f faire de l'équitation

g visiter des châteaux et des musées

écouter 1 Qu'est-ce que tu vas faire en vacances? Écris les lettres dans le bon ordre. (1–8)
What are you going to do on holiday? Write the letters in the correct order.

parler 2 À tour de rôle. Note une activité. Réponds aux questions de ton/ta partenaire.

Exemple:

■ Tu vas **faire du VTT**?
● Non.
■ Tu vas **aller à la pêche**?
● Oui, je vais **aller à la pêche**.

écouter 3 C'est quelle photo? Écoute et note les activités et les opinions. ☺, 😐 ou ☹. (1–8)

Exemple: 1 c ☺

Expo-langue

To say what you are *going* to do, use **aller** (*to go*) plus the infinitive.
This is called the 'near future' tense.
Exemple: Je vais jouer au tennis = I am going to play tennis
Tu vas jouer au foot = You are going to play football
Il/elle/on va aller à la pêche = He/She is/We are going to go fishing

---

Pour en savoir plus ▶ page 139 (3.11)

4 **Lis le texte de Thierry. Choisis la phrase correcte.**
Read what Thierry has written. Choose the correct sentence.

> Pendant les vacances, je vais aller au bord de la mer avec ma famille. On va passer deux semaines dans un camping et tous les jours on va aller à la plage, jouer au volley-ball et nager dans la mer. Ma passion, c'est la natation. On va faire des promenades à vélo aussi. Mon père adore la pêche donc il va aller à la pêche dans la rivière et dans la mer. Ma mère va rester sur la plage. Elle adore la lecture. Elle va lire plein de bouquins, je suppose. Je trouve ça ennuyeux. Je vais jouer au tennis avec mon frère (il joue très bien) et on va manger plein de glaces. Ma sœur, qui a seize ans, va passer des heures sur la plage; elle adore le soleil, les garçons et la musique. Elle va écouter de la musique et le soir elle va danser.

1 Thierry va passer les vacances *en ville/au bord de la mer.*
2 Il va en vacances *avec sa famille/avec ses copains.*
3 Il va rester *dans un appartement/dans un camping.*
4 Il n'aime pas *la natation/la lecture.*
5 Il va faire des promenades *en bateau/à vélo.*
6 Son père adore *jouer au tennis/aller à la pêche.*
7 Sa mère va *jouer au volley/lire.*
8 Son frère joue *mal/bien* au tennis.
9 On va manger beaucoup de *hot-dogs/glaces.*
10 Sa sœur va *chanter/danser.*

> bouquins = books
> donc = so, therefore

 5 **Copie et complète la lettre d'Agnès.**

 6 **Réponds à la lettre d'Agnès.**

> car = because

Je vais aller [image] avec [image].

On va faire du [image].

Je vais [image]. Je ne vais

pas [image] car je déteste ça.

Je préfère [image]. Et toi? Où vas-tu en

vacances? Qu'est-ce que tu vas faire?

Écris-moi vite.

Agnès

Module 6 *Bilan*

Unité 1

I can

- ■ ask if someone likes doing sport   *Tu aimes le sport?*
- ■ say which sports and games I play   *Je joue au football/au golf.*
        Je joue aux cartes/aux échecs.
- ■ say which sports I like   *J'aime le rugby.*
        Le hockey sur glace est super.
- G use *jouer + à*   *Je joue au football/aux échecs.*

Unité 2

I can

- ■ ask if someone plays a musical instrument   *Tu joues d'instrument?*
- ■ say which instruments I play   *Je joue du piano/de la guitare.*
- ■ say I don't play an instrument   *Je ne joue pas d'instrument.*
- ■ say someone plays well/badly   *Il/Elle joue bien/mal.*
- G use *jouer + de*   *Je joue du piano/de la guitare.*

Unité 3

I can

- ■ say when I do certain activities   *en été/en hiver*
        une/deux/trois fois par semaine
        le lundi, le mardi …
- ■ say what I like doing   *J'aime faire du vélo.*
        J'adore faire la cuisine.
- ■ say what I don't like doing   *Je n'aime pas faire du sport.*
        Je déteste faire les magasins.
- G use *aimer + infinitive*   *J'aime faire du sport.*
        J'aime jouer au basket.

Unité 4

I can

- ■ say what we can do   *On peut faire du skate.*
        On peut jouer au mini-golf.
- G use *on peut + infinitive*   *On peut nager.*

Unité 5

I can

- ■ say what I'm going to do on holiday   *Je vais faire de la planche à voile.*
        Je vais faire du camping.
- ■ ask someone if they are going to
  do something   *Tu vas aller à la pêche?*
- G use *aller + infinitive*   *Je vais acheter des glaces.*

En plus

I can

- G talk about events in the past   *J'ai regardé/j'ai mangé*

écouter **1a** C'est quelle activité? (1–8)

a b c d

e f g h

écouter **1b** Copie la grille. Écoute et remplis la grille. Qu'est-ce qu'ils vont faire en vacances?

	moi	mon père
lun	a	h
mar		
mer		
jeu		

parler **2** À tour de rôle. Regarde les images. Pose trois questions et réponds à trois questions.

Exemple: ■ Tu aimes jouer au flipper?
● Non, je déteste jouer au flipper. C'est nul.

a b c d e

☺ ☺☺ ☹ ☹☹ 😐

lire **3** Vrai ou faux?

Au centre de loisirs 'Des Moines' ...
1 on peut faire de la voile.
2 on peut faire de l'équitation.
3 on peut nager.
4 on peut manger des frites.
5 on peut jouer au volley.
6 on peut regarder un film à neuf heures du matin.

Centre de loisirs 'Des Moines'

ouvert tous les jours de 10h à 22h

bowling

piscine

patinoire

cinéma

cafétéria/jeux vidéo

grande salle multisports
(volley, basket, badminton etc)

écrire **4** Qu'est-ce que tu vas faire au centre de loisirs? Écris huit phrases.

Exemple: Je vais nager puis ...

Les loisirs

 1 Lis et écoute. Relie les textes et les images. (1–5)

a

1 Je m'appelle Jérôme. J'ai deux frères et une demi-sœur. J'ai treize ans.

Le soir, j'aime jouer sur mon ordinateur et regarder la télé. Je joue de la guitare aussi. Je n'aime pas faire les devoirs mais mes parents sont assez stricts. Le week-end je fais du VTT avec mes copains. Mon père joue au golf le dimanche.

2 Je m'appelle Marie-Laure. Je suis membre d'un club de natation et trois fois par semaine je vais à la piscine. Le dimanche je fais des compétitions. Je n'aime pas rester à la maison parce que mon frère joue de la trompette. C'est affreux!

J'adore aller à la piscine – elle est au centre de loisirs et il y a une cafétéria où on peut manger des pizzas délicieuses.

b

3 Moi je m'appelle Mehmet. Ma passion, c'est le volley-ball. Je joue au volley presque tous les jours. Pendant les vacances je vais aller en Italie pour quatre semaines. Je vais faire du camping avec six copains. On va jouer au volley sur la plage. On va faire de la voile et de la planche à voile aussi. Mon père va rester en France et visiter des châteaux avec des copains allemands. Pauvre* papa!

c

*pauvre = poor

d

4 Je m'appelle Cécile. J'ai quatorze ans et j'ai deux chats adorables. J'aime jouer avec mes chats et chanter. J'ai trois sœurs et on chante dans un groupe qui s'appelle Mystique. Mon frère Martin déteste la musique de Mystique. Il joue de la guitare. Son groupe s'appelle Cochon Atomique. Mes chats n'aiment pas écouter Cochon Atomique mais ils adorent Mystique.

5 Je suis Damien. Le week-end j'aime jouer aux échecs et jouer au foot. J'aime surtout aller au cinéma. J'habite à Dijon et j'aime aller au centre de sport. Il y a une grande salle multisports où on peut faire plein de sports – par exemple le basket, le tennis de table et mon sport préféré – le badminton. En été je vais aller dans un camping fantastique près de Nice où on peut nager dans une piscine avec un toboggan géant. C'est vraiment super.

e

2a Qui parle? Jérôme, Marie-Laure, Mehmet, Cécile ou Damien?

mignon = cute

a

Mes animaux sont mignons.

b

Je reste à la maison le soir.

c

Je fais beaucoup d'activités; j'aime beaucoup regarder des films.

d

J'aime manger et nager.

e

Je vais aller au bord de la mer en été.

 2b Réponds aux questions.

1. Où habite Damien?
2. Quel est son sport préféré?
3. Qui est Martin?
4. Qui a deux chats?
5. Comment s'appelle le groupe de Cécile?
6. Que fait Marie-Laure le dimanche?
7. Quand est-ce que Damien va aller à Nice?
8. Pourquoi le père de Mehmet va-t-il rester en France?
9. Quel âge a Jérôme?
10. Qui joue de la trompette?

3 Écoute ces conversations. On parle de qui? Les opinions sont-elles positives (P) ou négatives (N)? (1–5)

Exemple: 1 Marie-Laure (P)

4 À tour de rôle. Regarde les textes dans l'exercice 1. Choisis une personne et réponds aux questions de ton/ta partenaire.

● Tu aimes le sport?
● Qu'est-ce que tu aimes faire le soir/le week-end?
● Qu'est-ce que tu vas faire samedi/dimanche/en été?

 5 Que dit-elle? Écris le texte de Sandrine.

Prénom: Sandrine, 13 ans
sociable, sportive et bavarde

2 × semaine

En été

L'agenda de Natalie

1 La semaine de Natalie. Quelle phrase correspond à chaque dessin?

Exemple: 1 h

a b c d e f g h

1 J'ai regardé un film de James Bond au cinéma avec Aïsha. C'était super!

2 J'ai mangé au Macdo avec Michel.

3 J'ai chanté au club 'Solar' – c'était une soirée karaoke. C'était super-marrant.

4 J'ai visité le musée avec papa. C'était ennuyeux!

5 J'ai parlé avec Jamal pendant une heure.

6 J'ai écouté de la musique.

7 J'ai joué au tennis avec Aïsha.

8 J'ai acheté des CD et un tee-shirt.

2 Complète les listes. Écris le mot qui manque. (1–5)

joué
mangé
regardé
acheté
visité
parlé
chanté
écouté

Expo-langue

To say what you did at a certain time in the past, you use the **passé composé** or *Perfect Tense*. This is usually formed by using the present tense of **avoir** and the past participle of the verb.

Exemple: jouer = to play
J'ai joué = I played or I have played

To form the past participle of **-er** verbs, take off the **-er** and replace it with **-é**.
jou*er* → joué
regard*er* → regardé
mang*er* → mangé

Pour en savoir plus ▶ page 140 (3.12)

3 À tour de rôle. Qu'est-ce que tu as fait samedi?
In turns. What did you do on Saturday?

4 **Lis, écoute et chante!**

La vie est stressante
Le collège est fatigant
J'adore le week-end
... et les vacances!

La vie est stressante
Le collège est fatigant
J'adore le week-end
... et les vacances!

1 Vendredi, à cinq heures et demie
Le collège est fini
Et le travail aussi
Et demain ... c'est samedi.

2 On peut enfin s'amuser
Regarder la télé
Aller au café
Ou faire ... du karaté.

La vie est stressante
Le collège est fatigant
etc.

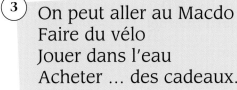

3 On peut aller au Macdo
Faire du vélo
Jouer dans l'eau
Acheter ... des cadeaux.

4 On peut danser toute la journée
Aller nager
On peut chanter
En hiver ... et en été.

5 On peut jouer du piano
Aller en disco
Manger au resto
Envoyer ... des textos
C'est rigolo!

Les sports — *Sports*

le basket — *basketball*
le billard — *snooker*
les cartes — *cards*
les échecs — *chess*
le football — *football*
le hockey sur glace — *ice-hockey*
le rugby — *rugby*
le tennis — *tennis*
le tennis de table/ le ping-pong — *table-tennis*
le volley-ball — *volleyball*

Les opinions — *Opinions*

Tu aimes ...? — *Do you like ...?*
J'adore ... — *I love ...*
J'aime ... — *I like ...*
Je n'aime pas ... — *I don't like ...*
Je déteste ... — *I hate ...*

C'est super. — *It's great.*
C'est bien. — *It's good.*
C'est nul. — *It's rubbish.*
Ça va. — *It's OK.*
Le foot, ça va. — *Football's OK.*

Quand? — *When?*

en été — *in summer*
en hiver — *in winter*
le lundi — *on Mondays*
le mardi — *on Tuesdays*
tous les jours — *every day*

Que fais-tu? — *What do you do?*

Je joue au foot. — *I play football.*
Je joue au tennis. — *I play tennis.*
Je joue aux cartes. — *I play cards.*
Je joue aux échecs. — *I play chess.*

La musique — *Music*

Je joue du saxophone/ du piano/du violon/ du clavier. — *I play the saxophone/ piano/violin/ keyboard.*
Je joue de la guitare (électrique). — *I play the (electric) guitar.*

Je joue de la trompette/ de la batterie. — *I play the trumpet/drums.*
Je ne joue pas d'instrument — *I don't play an instrument.*
Je chante. — *I sing.*

une fois par semaine — *once a week*
deux fois par semaine — *twice a week*
trois fois par semaine — *three times a week*

Il joue bien/mal. — *He plays well/ badly.*

un groupe — *a band*

Le week-end — *The weekend*

J'aime/Je n'aime pas ... — *I like/don't like ...*

faire de la planche à voile — *going windsurfing*
faire du judo — *doing judo*
faire du skate — *skateboarding*
faire du ski — *going skiing*
faire du sport — *doing sport*
faire du vélo — *cycling*
faire la cuisine — *doing the cooking*
faire les magasins — *going shopping*

envoyer des textos — *texting*
jouer sur l'ordinateur — *playing on the computer*

regarder des DVD — *watching DVDs*
surfer sur l'Internet — *surfing the Internet*

la lecture — *reading*

la console de jeu — *games console*
les loisirs — *leisure activities*

Au centre de loisirs — *At the leisure centre*

On peut ... — *We can ...*
... faire de la danse — *go dancing*
... faire de la gymnastique — *do gymnastics*
... faire de la natation — *go swimming*
... faire du bowling — *go bowling*
... faire du patin à glace — *go ice-skating*
... faire du skate — *go skateboarding*

... jouer au baby-foot et au flipper	*play table football and pinball*
... acheter des articles de sport	*buy sports things*
... acheter plein de choses	*buy loads of things*
un bowling	*a bowling alley*
une cafétéria	*a cafeteria*
un toboggan géant	*a giant slide*
une patinoire	*a skating rink*
une piscine	*a swimming pool*
une grande salle (multisports)	*a sports hall*
des courts de tennis	*tennis courts*

Les vacances — *Holidays*

Je vais ...	*I am going to ...*
... aller à la pêche	*go fishing*
... faire de la planche à voile	*go windsurfing*
... faire de la voile	*go sailing*
... faire du camping	*go camping*
... faire du canoë	*go canoeing*
... faire du VTT (vélo tout terrain)	*go mountain biking*
... faire de l'équitation	*go horseriding*
... lire	*to read*
... rester	*to stay*
... visiter des châteaux et des musées	*visit castles and museums*
un camping	*a campsite*
la mer	*the sea*
la plage	*the beach*
le soleil	*the sun*
au bord de la mer	*at the seaside*
plein de bouquins	*loads of books*
ennuyeux	*boring*
passer des heures	*to spend hours*
passer une semaine	*to spend a week*
passer les vacances	*to spend the holidays*
le soir	*the evening, in the evening*
car	*because*

Module 6

Stratégie 6

Letter and sound patterns

Just as in English many French words contain the same letter patterns. Recognising these patterns will help you to spell and say more words correctly. You have practised some of these throughout *Expo*. One way of remembering these is to write lists of words with identical letter patterns. Add to them as you come across more. Here are some from Module 6 to start you off:

pê**che**
plan**che**

patin**oi**re
v**oi**le

sup**er**
hiv**er**

1 C'est quel nombre? Trouve les paires.

Exemple: un = 1

un   trois   vingt   dix   vingt-cinq   douze

treize   onze   dix-sept   seize   deux   six

10 25 1 3 11 13 20 2 17 6 12 16

2 C'est quand ton anniversaire? Trouve les paires.

Exemple: a 9/3

a C'est le neuf mars.

b C'est le trente septembre.

c C'est le premier octobre.

d C'est le cinq juillet.

e C'est le quinze juin.

f C'est le vingt-trois mai.

g C'est le quatre novembre.

h C'est le quatorze avril.

23/5   14/4   15/6

4/11   9/3

5/7   1/10   30/9

3 C'est à qui?

Exemple:
Geneviève + un cahier

une calculatrice   une gomme

un livre   un stylo

un cahier   une règle

un sac   une trousse

Geneviève   Angélique   Laura   Samuel

J♡DIJON

Félix   Jamal   Thibault   Emanuelle

la Copie et remplis la grille.

Prénom	Anniversaire	Âge
Djamila		
Michel		
Coralie		
Ludovic		
Estelle		

Salut. Je m'appelle Michel. Mon anniversaire c'est le quatorze mars. J'ai treize ans. Dans mon sac, j'ai un cahier et un livre.

Je m'appelle Estelle. Mon anniversaire c'est le dix-sept septembre. J'ai douze ans. J'ai un tee-shirt dans mon sac.

Je m'appelle Coralie. Mon anniversaire c'est le neuf janvier. J'ai quinze ans. Dans mon sac, j'ai un stylo et une calculatrice.

Je m'appelle Djamila. Mon anniversaire c'est le trente et un octobre. J'ai onze ans. Dans mon sac, j'ai trois crayons.

Je m'appelle Ludovic. Mon anniversaire c'est le premier février. J'ai neuf ans. J'ai une trousse dans mon sac.

lb Qui est-ce?

1 Elle a douze ans.
2 Elle a un tee-shirt.
3 Il a une trousse.
4 Elle a trois crayons.
5 Il a un livre.
6 Elle a un stylo.
7 Il a neuf ans.

2a Qu'est-ce que c'est? Attention: *un* ou *une*?

Exemple: 1 un cahier

2b Regarde les images 1–6. C'est à qui?
Michel, Estelle, Coralie, Djamila ou Ludovic?

Exemple: 1 C'est le cahier de Michel.

1 C'est quelle image?
Which picture is it?

Exemple: a 3

a J'ai un frère et une sœur.

b J'ai trois frères.

c J'ai deux frères et un cheval.

d J'ai une demi-sœur.

e J'ai deux oiseaux.

f J'ai un frère qui s'appelle Guy.

g J'ai un chat et deux chiens.

h J'ai deux chats et un chien.

1
2
3
4
5
6
7
8

2 Qui est-ce? Trouve les personnes.
Who is it? Find the people.

a Félix a les yeux gris. Il a les cheveux bruns et courts.

b Mon copain Vincent a les cheveux bruns et longs.

c Ma petite amie s'appelle Jessica. Elle a les cheveux mi-longs et blonds.

d Ma petite copine est Rosalie. Elle a les cheveux courts, blonds et les yeux bleus.

1
2
3
4

3 Écris la bonne phrase.
Write the correct sentence.

1
   a Il a une souris.
   b Il a trois souris.

2
   a Elle est grande.
   b Elle n'est pas grande.

3
   a Elle a les cheveux bruns et les yeux rouges. Elle est petite.
   b Elle est grande. Elle a les cheveux roux.

4
   a Il est bavard.
   b Il est timide.

5
   a Mon chat est actif.
   b Mon chat est paresseux.

lire 1 Complète les phrases.

Exemple:
Je m'appelle Stéphanie.

Je	ans.
J'ai douze	mignons.
J'ai les yeux bleus	de sœurs.
J'ai un frère	m'appelle Stéphanie.
J'ai un	chat et un chien.
Ils sont	et les cheveux bruns.
Je n'ai pas	qui s'appelle Mickey.

lire 2 Lis le texte et relie les questions aux réponses.

Une interview avec Antoine

Je suis Antoine. Je n'ai pas de frères et mon père habite en Suisse.

J'habite à Marseille dans le sud de la France avec ma mère, mon beau-père et ma demi-sœur. Mon anniversaire, c'est le trois mars. J'ai douze ans.

Je suis timide et j'aime les poissons. J'ai vingt poissons rouges et deux lapins qui sont blancs. Je suis assez grand avec les cheveux longs et blonds.

a Tu as des frères?
b Tu as un animal?
c Tu as quel âge?
d Tu es petit?
e C'est quand, ton anniversaire?

1 Non, je suis assez grand.
2 C'est le trois mars.
3 Oui, j'ai des lapins et des poissons rouges.
4 J'ai douze ans.
5 Non, je n'ai pas de frères.

écrire 3a Qu'est-ce qu'ils disent? Écris les phrases.
What are they saying? Write the sentences.

1 **2** **3** **4**

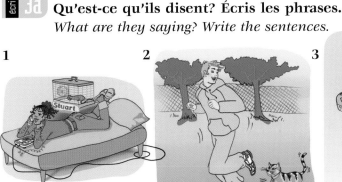

écrire 3b Et toi? Écris des phrases sur toi.

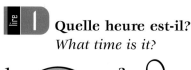 **Quelle heure est-il?**
What time is it?

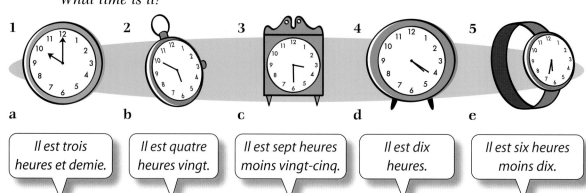

1 **2** **3** **4** **5**

a

> Il est trois heures et demie.

b

> Il est quatre heures vingt.

c

> Il est sept heures moins vingt-cinq.

d

> Il est dix heures.

e

> Il est six heures moins dix.

2 **Lis les textes de Véronique et regarde les images: C'est en ville ou au bord de la mer? Écris V ou M.**

Nous avons une maison en ville. Il y a trois chambres. Dans ma chambre j'ai un lit, une armoire et un ordinateur. On a un jardin derrière la maison. Il y a aussi un garage. Le soir, on regarde la télé dans le salon.

Nous avons aussi un appartement au bord de la mer. C'est petit mais super! On a une petite chambre. Mais il y a la mer devant l'appartement. C'est très joli! Il n'y a pas de télé mais le soir ... on regarde la mer.

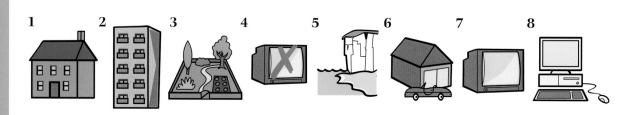

1 **2** **3** **4** **5** **6** **7** **8**

3 **Copie et remplis le texte.**

J'habite une [maison] en ville. Nous avons un [jardin] où je joue avec

mes deux [chiens]. Il y a aussi un salon avec une [télé]. Dans ma

chambre j'ai un [ordinateur]. Il y a aussi un [lit], une [armoire] et

beaucoup de [posters] sur le [mur]. Dans ma chambre, j'ai mon

bureau avec mes [livres] et mes livres pour le collège.

lire 1 **Lis les textes et regarde les images. Qui est-ce: Damien ou Lara?**

J'habite une jolie petite maison au bord de la mer en Tunisie. On a un jardin où on mange. Dans la maison il y a deux chambres, une cuisine, une salle de bains et un salon. Voici mon serpent qui s'appelle Vipy. Il est sur l'ordinateur dans le salon. J'ai un frère mais je préfère mon serpent.

Damien

J'habite dans un village au nord de la France. On a une maison qui est assez grande. On a un chien, Micky, qui adore le foot. Je suis fille unique. Dans ma chambre j'ai neuf chats, huit lapins et cinq chiens … en peluche! J'ai des éléphants et des footballeurs aussi … sur les posters. Voici mes éléphants! Ma moquette est orange et mon ordinateur est bleu. Sous mon lit j'ai le poster d'un film qui s'appelle 'Scream'.

Lara

1  **2**  **3**  **4**

lire 2 **Lis l'interview avec Lara. Relie les questions et les réponses.**

1  ? Où habites-tu?

2 ? Tu habites un appartement?

3 ? Qu'est-ce qu'il y a dans ta chambre?

4 ? Tu as des frères ou des sœurs?

5 ? Tu as un animal?

a Dans ma chambre il y a beaucoup d'animaux en peluche.

b Non, je suis fille unique.

c Oui, j'ai un chien et beaucoup d'animaux en peluche.

d Non, j'habite une maison.

e J'habite au nord de la France.

écrire 3 **Réponds aux questions.**

1 Tu habites une maison ou un appartement?
2 Tu as un jardin?
3 Tu as un animal?
4 Tu as un ordinateur? Où est-il? Il est de quelle couleur?
5 Comment est ta chambre?

D Qui est-ce? C'est quel jour?

Exemple: 1 Pierre, mercredi

1   **2**   **3**   **4**   **5**   **6**   **7**   **8**

Lundi je vais à la piscine.
Mardi je vais au supermarché.
Mercredi je vais au parc.
Samedi je vais au cinéma.

Pierre

Lundi je vais au magasin de vélos.
Jeudi je vais à la patinoire.
Vendredi je vais à l'hôpital.
Dimanche je vais à Dijon.

Safa

2 *Tu* ou *vous?* **Choisis a ou b.**

'Tu' or 'vous'? Choose a or b.

1   **2**   **3**

a Tu vas à gauche.
b Vous allez à gauche.

a Tu tournes à gauche.
b Vous tournez à gauche.

a Tu as un animal?
b Vous avez un animal?

3 Écris des messages secrets pour ton ami(e).   *Exemple:*

Tu viens au stade, lundi?

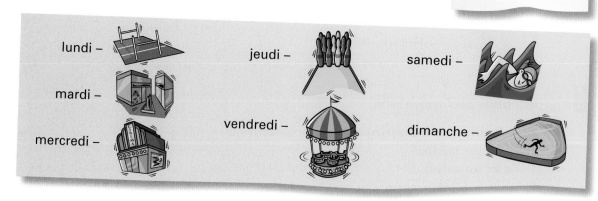

lundi –

mardi –

mercredi –

jeudi –

vendredi –

samedi –

dimanche –

Lis le texte, copie la grille et remplis les détails en anglais.

Guillaume Gourmand est très gourmand.

Lundi: À la fête foraine

Cinq hamburgers et trois fantas, s'il vous plaît, monsieur.

Mardi: Au café

Je voudrais quatre sandwichs au fromage, s'il vous plaît, madame.

Mercredi: Au bowling

Neuf sandwichs au jambon, quatre portions de frites et cinq chocolats chauds, s'il vous plaît.

Jeudi: À la gare

Je voudrais cinq tranches de pizza et trois milkshakes, s'il vous plaît.

Vendredi: À la patinoire

Quatre glaces!

Samedi: À l'hôpital

!

Day	Place	Eats	Drinks
Monday	fairground	5 hamburgers	3 fantas

 Complète le dialogue.

– Où est , s'il te plaît?

– C'est dans la rue Charles de Gaulle. Tu tournes et puis tu vas .

– Tu viens au ?

–

Écris les autres dialogues.

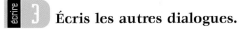

1   **?** / | rue de la République | / → ← /  .

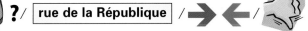

2   **?** / | rue de la Poste | / ↑ → / .

3   **?** / | rue de Lille | / → ← / .

lire 1 C'est quel nombre?

1 quatre-vingt neuf =	89 99	5 soixante-seize =	66 76
2 soixante et un =	71 61	6 quatre-vingt-cinq =	95 85
3 quarante-sept =	47 74	7 quatre-vingt-six =	86 96
4 quatre-vingt-quinze =	85 95	8 soixante et onze =	61 71

lire 2 Regarde les images. C'est Sana ou Antoine?

Je me lève à six heures vingt.

Puis je m'habille et je prends le petit déjeuner à sept heures moins dix.

Je me brosse les dents et je vais au collège à sept heures et demie.

Sana

Mon réveil sonne à six heures vingt mais je me lève à sept heures moins le quart. C'est ma mère qui me réveille.

Je prends mon petit déjeuner, je me douche, je me brosse les dents, je m'habille et je vais au collège à huit heures moins vingt.

Antoine

écrire 3 Copie et remplis le texte.

Mon réveil sonne à . Je dans la salle de bains. Je dans la cuisine. Je puis je quitte la maison à . Je vais en autobus.

huit heures

six heures et demie

prends mon petit déjeuner

me lave   au collège

me brosse les dents

écrire 4 Corrige les erreurs.

1 Je me réveille dans la cuisine.
2 Je me lave dans le garage.
3 Je me douche dans le jardin.
4 Je me brosse les dents au collège.
5 Je prends mon petit déjeuner dans ma chambre.
6 Je joue avec le chien dans la salle de bains.

1a Lis le texte de Stéphane. Copie les mots rouges. Écris les mots anglais.
Read the text. Copy the red words. Write the English meaning.

Mon radio-réveil sonne à six heures mais je ne me lève pas tout de suite. Normalement c'est ma mère qui me réveille vers six heures et demie. Je me lave, je m'habille et je prends vite mon petit déjeuner. Puis je quitte la maison et je prends le bus pour aller au collège.

Ma mère s'appelle Isabelle et elle travaille dans un hôpital. Elle est infirmière. Elle travaille pendant la nuit, généralement de neuf heures du soir à six heures du matin. Puis elle rentre à la maison et elle me réveille.

Mon frère Alain travaille dans l'usine Renault à Blainville. Il a vingt-deux ans. Il gagne beaucoup d'argent parce qu'il travaille beaucoup d'heures supplémentaires. Il travaille de huit heures et demie à sept heures. Il quitte la maison à sept heures et demie et il rentre le soir vers huit heures et demie. Il aime les voitures!

Stéphane

First read the whole text and work out the general meaning. Then use clues in the text to work out the detail. Finally check your answers in the vocabulary list and look up unknown words.

1b Qui parle? Stéphane, Isabelle ou Alain?

1 *Stéphane. Lève-toi! Il est six heures et demie.*

2 *Je prends des toasts avec du Nutella et un jus d'orange.*

3 *Les voitures sont superbes! Je voudrais acheter une Ferrari.*

4 *C'est difficile, parce que je travaille la nuit et puis je rentre et je prépare le petit déjeuner pour Stéphane.*

5 *Je suis fatigué quand je rentre le soir, mais j'adore travailler dans l'usine parce que j'adore les voitures.*

2 Copie et remplis le texte bizarre!

Mon radio-réveil sonne à et je me lève vers . Je me lave,

je m'habille et je prends vite mon petit déjeuner. Normalement, je prends

des  . Nous avons cours par jour. Je le sport; mais

j' le français parce que c'est et mon professeur est .

Je rentre à la maison à et je prends mon .

1 Regarde les images. Qui est-ce?

1 Qui aime faire du VTT?
2 Qui aime aller à la pêche?
3 Qui aime faire de la planche à voile?
4 Qui aime faire de l'équitation?
5 Qui aime faire du ski?

Raphaël

Cédric

Justine

Sabrina

Sarah

2 Lis le texte. Qui est-ce? Il/Elle aime (✔) ou n'aime pas (✗)?

Exemple: 1 Patrice ✗

1   2   3   4   5   6   7   8

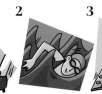

Moi, je n'aime pas faire la cuisine, mais j'adore faire de la planche à voile. Pendant les vacances, je vais faire de la planche à voile tous les jours.

Lucille

Je n'aime pas visiter les châteaux. Je suis très actif. Pendant les vacances, je vais faire du VTT et je vais nager.

Olivier

Je n'aime pas jouer au foot. Pendant les vacances, je vais aller à la pêche avec mon père, mais je ne fais pas de voile. C'est trop dangereux!

Patrice

3 J'aime ou Je n'aime pas? Écris huit phrases.

Exemple: 1 Je n'aime pas lire.

jouer au golf	aller à la pêche	aller au cinéma	~~lire~~	faire du canoë
faire du camping	faire du skate	visiter les musées		

1   2   3   4   5   6   7   8

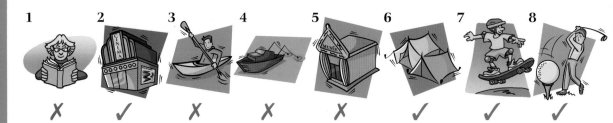

✗   ✔   ✗   ✗   ✗   ✔   ✔   ✔

Qui est-ce? Lis les textes et regarde les images.

Ludovic

Généralement le week-end je reste à la maison et je bricole – les avions, les bateaux, les voitures télécommandées*, etc. Ma mère n'aime pas ça parce que je travaille dans la cuisine. C'est difficile parce qu'on habite un appartement et il n'y a pas de cave et nous n'avons pas de garage. Samedi ou dimanche je vais finir mon robot qui s'appelle Robo. Pendant les vacances, je vais aller dans le sud de la France avec ma famille. On va rester dans un camping au bord de la mer.

Cécile

Je joue de la guitare, du piano et j'aime beaucoup danser et chanter. J'ai un cours de guitare une fois par semaine, le mercredi, et j'ai mon cours de piano le jeudi. Je suis membre d'un groupe qui s'appelle 'Chocolat Chaud'. Pendant les vacances, je vais rester ici et je vais travailler sur des chansons et des danses. Samedi, on va jouer au club Solar.

Mériem

J'aime faire les magasins, aller au cinéma et écouter de la musique. Je n'aime pas faire la cuisine. J'aime beaucoup la lecture aussi. J'adore les histoires d'Harry Potter. Samedi je vais aller au cinéma avec trois copines. Pendant les vacances, je vais aller en Angleterre avec ma mère et on va visiter les attractions de Londres. Je voudrais visiter la Tour de Londres. J'ai visité Londres une fois avec ma classe et c'était vraiment bien.

1   2   3   4

5   6   7   8

*télécommandé(e) = remote-controlled

 Réponds aux questions. Attention: présent ou futur?

1. Qu'est-ce que tu aimes faire quand tu es libre, Ludovic?

2. Qu'est-ce que tu vas faire pendant les vacances, Mériem?

3. Et toi, Cécile, que fais-tu normalement le jeudi?

4. Cécile, qu'est-ce que tu vas faire pendant les vacances?

5. Qu'est-ce que tu aimes faire comme loisirs, Mériem?

 Écris des réponses pour toi.

- Et toi, qu'est-ce que tu aimes faire le soir?
- Qu'est-ce que tu vas faire samedi?
- Qu'est-ce que tu vas faire pendant les vacances?

Grammaire

Glossary of grammatical terms

Glossary of grammatical terms

Examples for each term are given in italics.

adjective	a describing word (*rouge, petite, intéressants*) The words for 'my', 'your', etc., are **possessive adjectives**.
adverb	a word used to describe an action (*vite, souvent*)
article	the word 'a', 'some' or 'the' before a noun (*un/une/des, le/la/les*)
connective	a word used to join phrases or sentences (*mais, parce que*)
gender	tells you whether a noun is masculine or feminine (*un crayon* is masculine, *une gomme* is feminine)
imperative	the verb form you use when you are telling someone to do something (*copie et complète, levez-vous*)
infinitive	the original, unchanged form of the verb, which you find in the dictionary (*parler* 'to speak', *avoir* 'to have')
intensifier	a word or phrase placed before an adjective to make it stronger or weaker (*très, un peu*)
irregular verb	a verb which does not follow the set rules of the main verb types (e.g. *-er* verbs) but has its own pattern (*faire, être*)

noun	a word which names a thing or a person (*stylo, mère*)
plural	referring to more than one person or item (*les chats, nous, trois pommes*)
preposition	a word used to show where someone or something is (*sur, à*, etc.) or to show possession (*de*)
pronoun	a word which stands in place of a noun (*elle, tu*) A **subject pronoun** tells you who or what does an action.
reflexive verb	a verb which includes a pronoun (before the verb) (*se coucher*)
regular verb	a verb which follows the rules/pattern of the main verb types (e.g. *-er* verbs)
relative pronoun	a word which joins two sentences (*qui* – 'who' or 'which')
singular	referring to only one person or item (*un oiseau, tu*)
tense	relating to verbs, showing when the action takes place (e.g. the present tense, the perfect tense)
verb	a word used to say what is being done or what is happening (*acheter, être*)

SECTION 1 Nouns and pronouns

1.1 Gender

A noun is a word which names a thing or a person.

All nouns in French are masculine or feminine.

un stylo (*a pen*) – masculine
une trousse (*a pencil case*) – feminine

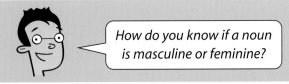

How do you know if a noun is masculine or feminine?

With people it is easy:
le frère (*the brother*) – masculine
la sœur (*the sister*) – feminine

But with other nouns you have to learn the gender when you learn the new word.
In the dictionary you will see (m) or (f) after the noun.

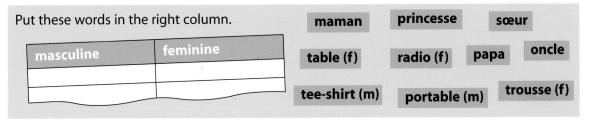

Put these words in the right column.

maman   princesse   sœur
table (f)   radio (f)   papa   oncle
tee-shirt (m)   portable (m)   trousse (f)

masculine	feminine

1.2 Singular/Plural

A noun is singular if it refers to only one person or thing,
and plural if it refers to more than one.

le tigre – singular → les tigres – plural

Most nouns add **-s** to form the plural:
un éléphant → deux éléphant**s**

But a few are different:
un oiseau → deux oiseau**x**
un animal → deux anim**aux**

Make these plural.

1 une règle → deux _____
2 une trousse → trois _____
3 un cahier → trois _____
4 un sac → quatre _____
5 un professeur → deux _____
6 un hamster → dix _____
7 une personne → trois _____
8 une cassette → neuf _____
9 un oiseau → deux _____
10 un animal → cinq _____

1.3 The definite article

The definite article is *the*.

There are three words for *the* in French.

le before masculine words → **le** crayon   *the pencil*
la before feminine words → **la** gomme   *the rubber*
les before plural words → **les** crayons   *the pencils*
                        les gommes   *the rubbers*
le and **la** become **l'** before a vowel or h → **l'**animal   *the animal*

Write the correct word for *the* before each noun.

1 _____ crayon (m)
2 _____ gomme (f)
3 _____ crayons
4 _____ animal
5 _____ chats
6 _____ salle à manger (f)
7 _____ père (m)
8 _____ escaliers
9 _____ fenêtre (f)
10 _____ hôpital

Why do I need to say 'J'aime le sport'? That means 'I like the sport', doesn't it?

In French you use the definite article before nouns when talking about likes and dislikes.

Put the words in these sentences into the right order.
Do you agree (✓) or disagree (✗)?

1 aime le j' sport
2 dessin j' le adore
3 je anglais déteste l'
4 les j' maths aime
5 histoire aime je n' pas l'
6 bananes adore les j'
7 déteste chocolat je le
8 aime rugby le j'
9 carottes les je n' pas aime
10 adore devoirs j' les

1.4 The indefinite article

The indefinite article is *a* or *some*.

There are two words for *a* in French.

un before masculine nouns → **un** garage   *a garage*
une before feminine nouns → **une** chambre   *a bedroom*
des before plural nouns → **des** garages   *some garages, garages*

Fill in the right word for *a* or *some*.

Dans ma chambre, j'ai _____ lit (m), _____ armoire (f), _____ lampe (f), _____ ordinateur (m), _____ posters de Thierry Henry (pl), _____ télévision (f), _____ hi-fi (m), _____ magazines (pl), _____ magnétoscope (m) et _____ CD (pl).

1.5 Subject pronouns

A pronoun stands in place of a noun in a sentence.

Without pronouns:
Paul read a book. Paul thought the book was good, and when Paul saw his friend, Paul lent the book to his friend.

With pronouns:
Paul read a book. He thought it was good, and when he saw his friend, he lent it to him.

Subject pronouns tell you who or what does an action.
In the sentence *He read a book*, *he* is a subject pronoun.

Here are the subject pronouns.

je	*I*	nous	*we*
tu	*you*	vous	*you*
il	*he, it* (masculine noun)	ils	*they* (males/mixed group/masculine nouns)
elle	*she, it* (feminine noun)	elles	*they* (females/feminine nouns)
on	*we, one*		

Voici mon frère. **Il** s'appelle Kévin. *This is my brother. **He** is called Kevin.*
Où est la règle? **Elle** est sur la table. *Where is the ruler? **It** is on the table.*

Complete each answer with the correct subject pronoun.

1 Où est Thomas? _____ est dans la cuisine.
2 Où est Elizabeth? _____ est dans le jardin.
3 Où sont Martin et Fred? _____ sont dans l'entrée.
4 Où sont Fatima et Lulu? _____ sont dans la chambre.
5 Où sont Martin et Lulu? _____ sont dans le garage.
6 Où est le stylo? _____ est sur la table.
7 Où est la trousse? _____ est sous le lit.
8 Où sont les stylos? _____ sont dans mon sac.
9 Où sont les gommes? _____ sont avec le livre.
10 Où es-tu? _____ suis dans le salon.

1.6 Relative pronouns

Relative pronouns join two sentences.
qui is a relative pronoun.
It means *who* or *which*.

J'ai une sœur. **Elle** s'appelle Feyrouze.　→ *I have a sister. **She** is called Feyrouze.*
J'ai une sœur **qui** s'appelle Feyrouze.　→ *I have a sister **who** is called Feyrouze.*

Link these sentences using **qui**.

1 J'ai un chien. Il s'appelle Hercule.
2 J'ai une sœur. Elle a huit ans.
3 Elle a un frère. Il habite à Marseille.
4 Il a une petite sœur. Elle est adorable.
5 J'ai un chat. Il est noir et blanc.

SECTION 2 Adjectives

2.1 Position of adjectives

Adjectives are describing words.

In French most adjectives, including colours, come **after** the noun they are describing.

un chien **blanc**   a *white* dog

A few adjectives, including **grand** and **petit**, come **before** the noun.

un **grand** chien   *a big dog*

Unjumble the phrases.

1 vélo un bleu – *un vélo bleu*
2 verte chaise une
3 des rouges poissons
4 jardin le grand
5 la blanche maison
6 yeux les bleus
7 petite sœur une
8 lit grand le
9 calculatrice la orange
10 bonbons des petits

2.2 Agreement of adjectives

Adjectives change according to whether the noun being described is masculine or feminine, singular or plural: this is called agreement.

For feminine, add **-e**	→	une chambre vert**e**
For masculine plural, add **-s**	→	des grand**s** jardins
For feminine plural, add **-es**	→	des classes intéressant**es**

Why have I seen **blanche** for 'white'?

What about ones which already end in -e, like rouge?

Some adjectives are *irregular*, that is, they follow their own pattern.
blanc (*white*)   un lapin blanc *a white rabbit*
                  une souris blan**che** *a white mouse*
marron (*brown*) un lapin marron *a brown rabbit*
                  des souris marron *brown mice*

You don't add another **-e**
for the feminine form.
Le français est **facile**,
la géographie est **facile** aussi.

Rewrite the phrases using the correct form of the adjective.

1	un lit (bleu)	**5**	le (grand) frère	**8**	les sœurs (timide)
2	une lampe (vert)	**6**	la (petit) sœur	**9**	une porte (blanc)
3	des lits (rouge)	**7**	les frères (intelligent)	**10**	des chats (marron)
4	des lampes (noir)				

2.3 Possessive adjectives

The words for *my*, *your*, etc., change according to whether the noun owned or possessed is masculine, feminine or plural.

	masculine nouns	feminine nouns	plural nouns
my	**mon** lit	**ma** lampe	**mes** lampes
your	**ton** lit	**ta** lampe	**tes** lampes
his or her	**son** lit	**sa** lampe	**ses** lampes

*I know that **armoire** is feminine, but you say '**mon** armoire': why?*

*According to this grid, **son lit** means **his bed** and **her bed**. That MUST be a mistake!*

For singular nouns beginning with a vowel or h, you use mon, ton or son.
Mon amie s'appelle Lucie.
My friend is called Lucy.

The possessive adjective agrees with the noun, not the person.
Il adore **sa chambre.**
He loves his bedroom.
Elle adore **sa chambre.**
She loves her bedroom.

Put in the correct possessive adjective.

1	____ père	*my father*	**6**	____ cousins	*your cousins*
2	____ mère	*my mother*	**7**	____ chien	*his dog*
3	____ parents	*my parents*	**8**	____ chien	*her dog*
4	____ sœur	*your sister*	**9**	____ chats	*his cats*
5	____ frère	*your brother*	**10**	____ chats	*her cats*

There is no **'s** in French. You show possession by using the pronoun **de**.
Marie's ruler → la règle **de** Marie (literally *the ruler of Marie*)

de shortens to **d'** before a vowel or h   *Alain's teachers* → les professeurs d'Alain

List all the things left behind in the bus after the school trip.

1	Louise's book – *le livre de Louise*	**6**	Émilie's homework diary
2	Corinne's calculator	**7**	Chantal's rubber
3	Hassiba's exercise book	**8**	Raïd's mobile phone
4	Bernadette's pencils	**9**	Alain's purse
5	Edouard's pen	**10**	Benjamin's rulers

SECTION 3 Verbs

3.1 The infinitive

When you look up a verb in the dictionary, you find its original, unchanged form, which is called the **infinitive**: **regarder** (*to watch*), **avoir** (*to have*), etc. The infinitive often ends in **-er**, **-ir** or **-re**.

> Pick out the 10 infinitives.
>
> décider m'appelle regardes visites arriver être
>
> jouez aller as suis aime avoir
>
> aimer vais déteste
>
> visiter écoutez écouter jouer finir

3.2 The present tense

The present tense is used
- to describe what is happening **now** – *I am reading this book.*
- to describe what **usually** happens – *I read a book every day.*

There is only one present tense in French:
je mange *I eat* or *I am eating*

> Find the 10 present tense verbs.
>
> I played I like I did
>
> I am going I watched I am I sang I ate
>
> I sing
>
> I make I do I am reading I go I saw
>
> I had
>
> I was I get up I went I am working I listened

3.3 *-er* verbs

Most French verbs end in **-er** in the infinitive.

To use a verb in the present tense, you must change the infinitive according to a set of rules. You need to learn these rules by heart.
-er verbs change their endings like this:

travaill**er** *to work*

je travaille	I work	**nous** travaill**ons**	we work
tu travaill**es**	you work	**vous** travaill**ez**	you work
il/elle/on travaille	he/she works, we work	**ils/elles** travaill**ent**	they work

The verb ending for **il**, **elle** and **on** is the same.
Ils and **elles** also always have the same ending.

Write out these verbs using the correct form of the present tense.

1 je (travailler)   **5** il (travailler)   **8** nous (travailler)
2 je (manger)   **6** elle (ranger)   **9** vous (regarder)
3 tu (travailler)   **7** on (écouter)   **10** ils (préparer)
4 tu (jouer)

3.4 Irregular verbs

Some verbs follow their own pattern. They are called irregular verbs and need to be learned by heart. Look at the verb tables on page 145.

Using the verb tables, translate these into French.

1 I have   **5** you (*tu*) are   **8** she goes
2 I do   **6** you (*tu*) have   **9** we have
3 I am   **7** he is   **10** they make
4 you (*tu*) go

avoir means *to have*.

j'ai	nous avons
tu as	vous avez
il/elle/on a	ils/elles ont

The verb **avoir** is also used to give your age in French.
Quel âge **as**-tu? J'**ai** douze ans.

Complete these sentences using the correct form of **avoir**.
Then translate each sentence into English.

1 Tu _____ un stylo?   **6** On _____ trois hamsters.
2 Elle _____ une chambre bleue.   **7** Elles _____ trente CD.
3 Marie _____ cinquante euros.   **8** _____-vous l'heure, s'il vous plaît?
4 Il _____ treize ans.   **9** Ils n' _____ pas d'animal.
5 J' _____ deux sœurs.   **10** Nous _____ un professeur superbe.

être means *to be*.

je suis	nous sommes
tu es	vous êtes
il/elle/on est	ils/elles sont

Complete these sentences with the correct form of **être**.
Then write out a few similar sentences of your own.

1 Il ____ idiot.   **5** Elle ____ élégante.   **8** Ils ____ ivres.
2 Tu ____ timide.   **6** On ____ honnête.   **9** Vous ____ vivants.
3 Denise ____ dynamique.   **7** Elles ____ égoïstes.   **10** Nous ____ nerveux.
4 Je ____ joli.

aller means *to go*.

je vais	nous allons
tu vas	vous allez
il/elle/on va	ils/elles vont

Complete these sentences with the correct form of **aller**.
Then translate each sentence into English.

1 Où _____ -tu?
2 Elle _____ au Québec.
3 Il _____ au café.
4 Je _____ à Bordeaux.
5 Florence ne _____ pas à Londres.

6 On _____ au cinéma samedi?
7 Quand est-ce qu'ils _____ en Belgique?
8 Elles ne _____ pas aux magasins avec moi.
9 Vous _____ au match de foot?
10 Nous _____ en France en juillet.

faire has two meanings: *to do* or *to make*.

je fais	nous faisons
tu fais	vous faites
il/elle/on fait	ils/elles font

How do I know which meaning it has?

Look at the context:
the meaning of the words round about.
Je fais un gâteau. *I **make** a cake.*
Je fais mes devoirs. *I **do** my homework.*

Everybody's making something strange in this food technology lesson … Complete the sentences with the correct form of **faire**. Then translate each sentence into English.

1 Je _____ un gâteau aux souris.
2 Benjamin _____ une tarte aux moustaches.
3 Tu _____ de la soupe au chocolat.
4 On _____ du jus de girafe.
5 Il _____ de la glace au Camembert.

6 Elle _____ un gâteau aux crayons.
7 Vous _____ une tarte aux hamsters.
8 Ils _____ du jus de pullovers.
9 Nous _____ de la glace aux poissons.
10 Elles _____ de la soupe au poison.

3.5 Reflexive verbs

Reflexive verbs are verbs which include an extra pronoun (before the verb).
The infinitive of a reflexive verb has the pronoun **se**.

se coucher *to go to bed*

je **me** couche	nous **nous** couchons
tu **te** couches	vous **vous** couchez
il/elle/on **se** couche	ils/elles **se** couchent

Complete these reflexive verbs.

1 je _____ couche
2 je _____ réveille
3 tu _____ couches
4 tu _____ lèves
5 il _____ lave

6 elle _____ brosse les dents
7 on _____ douche
8 elles _____ réveillent
9 vous _____ brossez les cheveux
10 nous _____ lavons

3.6 The imperative

The imperative is the verb form you use when you are telling someone to do something.

Instructions in Expo 1 use the imperative: Copie et complète *Copy and complete*
Your teacher uses the imperative when asking the class to do something:
écoutez! *listen!* regardez! *look!*

When talking to someone you call **tu**, the imperative is the **tu** form of the verb.
lis *read*

With **-er** verbs, the final **-s** is dropped.
copie *copy*

When using **vous**, the imperative is the **vous** form of the verb.
copiez *copy*

Match the French instructions to the correct English ones.

1 Écoutez.
2 Regardez.
3 Fermez la porte.
4 Ouvrez le livre.
5 Écrivez la date.
6 Copie la grille.
7 Réponds aux questions.
8 Mets les mots dans le bon ordre.
9 Écoute et répète.
10 Travaille sur l'ordinateur.

a Close the door.
b Copy the grid.
c Put the words in the right order.
d Listen.
e Listen and repeat.
f Answer the questions.
g Work on the computer.
h Open the book.
i Look.
j Write the date.

3.7 *tu/vous*

French, German, Italian and Spanish **all** have more than one word for *you*! In French, **tu** is used for a friend, someone you know well, a child or a young person. **Vous** is used for more than one person, someone you don't know very well or a stranger.

*Should I use **tu** or **vous** for my teacher?*

Use **vous**. If you would call somebody by his/her first name, then you would generally call them **tu**. But if you would call them, for example, **Mr Bartley** or **Mrs Lawrence**, then in French call them **vous**.

3.8 Making verbs negative (*ne ... pas*)

To make a sentence negative (that is, to say what you *don't* do, or what *isn't* happening), put **ne ... pas** around the verb.

Je **ne** joue **pas** au tennis de table. *I do not/don't play table tennis.*

ne shortens to **n'** before a vowel or h

Elle **n'**aime **pas** le rugby. *She doesn't like rugby.*

Make the sentences negative with **ne ... pas**.
Then translate each negative sentence into English.

1 Je suis français. – *Je ne suis pas français.*
2 Je regarde 'Eastenders'.
3 Je joue au cricket.
4 J'aime les maths.
5 J'habite à Paris.

6 Il aime les carottes.
7 Nous visitons la Tunisie.
8 Elles préparent le dîner.
9 Le chat est rouge.
10 Ma sœur habite à Marseille.

3.9 Question forms

The easiest way to ask a question is to say the sentence but make your voice go up at the end.

C'est un chat? *Is it a cat?*   Elle s'appelle Anne? *Is her name Anne?*

Read out each sentence. Then make it into a question by reading it again, this time making your voice go up at the end.

1 Tu habites en France.
2 Tu aimes le dessin.
3 Tu as un chien.
4 Tu joues au foot.
5 Tu travailles le week-end.

6 Paul aime le chocolat.
7 Akim regarde la télé.
8 Ils sont dans la chambre.
9 Elle a trois sœurs.
10 Suzanne est absente.

Est-ce que at the start of a sentence also makes it into a question.
Est-ce que tu aimes le français? *Do you like French?*
Est-ce qu'il a des frères? *Does he have any brothers?*

Separate the 10 questions, and put in the question marks.
Then translate each question into English.

est-cequeturegardesCoronationStreetest-cequethabitesenBelgiqueest-cequetuaimesunanimalest-cequetuaimeslesportest-cequetujouesaufootest-cequetuasdesfrèresetdessœursest-cequetujouesauhockeyest-cequetuhabitesenFranceest-cequeturegardesBluePeterest-cequetuaimeslagéographie

If the question contains a question word, the question word is usually first and is followed by **est-ce que**.
Où est-ce que nous allons? *Where are we going?*

Sometimes the verb comes after the question word and is followed by a hyphen.
Où habites-tu? *Where do you live?*

To find out what the question words are, look at Grammaire **4.2**.

3.10 Verbs with the infinitive

If there are two different verbs in a row in a sentence, the second verb is an infinitive.
J'adore **faire** du vélo. *I love cycling.*
Elle déteste **ranger** sa chambre. *She hates tidying her bedroom.*

Complete the sentences with your own opinion. Use **j'adore**, **j'aime**, **je n'aime pas** or **je déteste**.

1 ___ écouter des CD.
2 ___ jouer au tennis de table.
3 ___ faire mes devoirs.
4 ___ aller au cinéma.
5 ___ regarder la télé.

Now complete these with the correct infinitive.

1 J'aime _____ au tennis.
2 J'adore _____ des vidéo.
3 Elle n'aime pas _____ la radio.
4 Il déteste _____ du vélo.
5 On aime _____ à la piscine.

on peut means *we can/one can*. It is followed by the infinitive form of the verb.

Look at Grammaire **3.1** if you want to remind yourself about infinitives.

Complete each sentence by selecting the infinitive form of the verb:

1 On peut (va/allez/aller) en train. *On peut aller en train.*
2 On peut (regarder/regardez/regarde) des vidéo.
3 On peut (commence/commencer/commençons) à huit heures.
4 On peut (travaille/travaillent/travailler) dans le jardin.
5 On peut (est/être/êtes) responsable.
6 On peut (faire/fait/fais) du vélo.
7 On peut (écoute/écoutez/écouter) des CD.
8 On peut (joue/jouer/joues) au tennis.
9 On peut (avoir/a/ont) une boum.
10 On peut (mange/manger/mangent) de la glace.

3.11 The near future tense

You can talk about the future by using the near future tense (*le futur proche*).

Use part of the verb **aller** followed by the infinitive to say what you are **going** to do.
Ce soir je **vais jouer** au tennis. *Tonight I am going to play tennis.*
Demain Loïc **va faire** un gâteau. *Tomorrow Loïc is going to make a cake.*

Use the information to write sentences about these weekend plans.

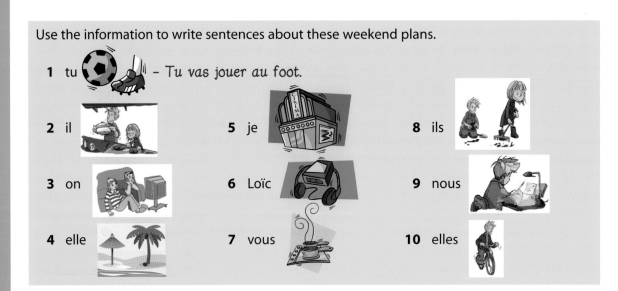

1 tu ⚽👟 – *Tu vas jouer au foot.*

2 il

3 on

4 elle

5 je

6 Loïc

7 vous

8 ils

9 nous

10 elles

3.12 The perfect tense

The perfect tense (*le passé composé*) is used to talk about the past.

The perfect tense has two parts:
1 part of the verb **avoir**
2 the past participle

To form the past participle of **-er** verbs, take off the **-er** and add **-é**.

What did you do at the weekend? Separate the words to make four sentences.

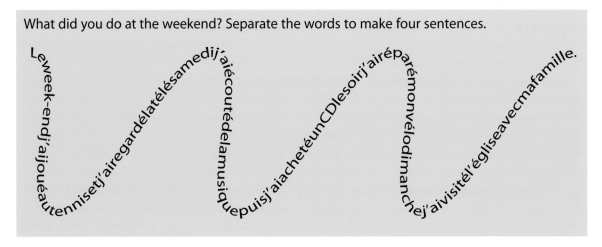

SECTION 4 Structural features

Structural features are words or sets of words which occur in sentences and texts. Learning these will help you give more detail in what you say and write in French.

4.1 *Il y a*

Il y a *there is, there are*
Il y a une mouche dans ma soupe. *There is a fly in my soup.*
Il y a trois stylos dans ma trousse. *There are three pens in my pencil case.*

Put each sentence in the right order. Then translate it into English.

1 dans il trois y a trousse stylos ma
2 soupe une a dans y il ma mouche
3 six y a mon crayons il dans sac
4 chat cuisine il y la un a dans
5 vingt-huit classe y a ma personnes il dans

6 dans a jardin un y le il éléphant
7 mur posters y le douze a sur il
8 à il un y Heathrow aéroport a
9 bananes a six y il dans bol le
10 rez-de-chaussée il y au chambres a trois

4.2 Question words

The main question words are:

où?	*where?*
qui?	*who?*
quand?	*when?*
qu'est-ce que?	*what?*
pourquoi?	*why?*
combien de?	*how many?*
à quelle heure?	*at what time?*
comment?	*how?*
quel(le) (+ noun)?	*what?*

*'Comment t'appelles-tu?' means '**What** is your name?', but 'comment' means 'how'. Can you explain?*

'Comment t'appelles-tu?' literally means 'How do you call yourself?', but we say 'What is your name?'

Match the questions with the appropriate answers.

1 Comment t'appelles-tu?
2 À quelle heure arrives-tu?
3 Combien de cousins as-tu?
4 Pourquoi aimes-tu ma chambre?
5 Quand est-ce tu vas en France?
6 Où vas-tu?
7 Qui habite à Paris?
8 Quelle est la date?
9 Qu'est-ce que tu as dans ton sac?
10 Comment voyages-tu?

a Six.
b Lundi.
c À Paris.
d Le premier mai.
e Un portable.
f Elle est grande.
g Ma mère.
h Martin.
i En bus.
j À neuf heures et demie.

4.3 Prepositions

Prepositions are words which tell us **where** someone or something is or – in the case of **de** – show possession.

avec	*with*
dans	*in*
devant	*in front of*
derrière	*behind*
sur	*on*
sous	*under*
à	*at, to, in (with town name)*
de	*of*

Why have I got to be careful when using à and de?

- If **à** and **le** come together in a sentence, they join up to become **au**.
  Je vais **au** cinéma. *I go **to the** cinema.*

- If **à** and **les** come together, they join up to become **aux**.
  Il va **aux** magasins. *He goes **to the** shops.*

- If **de** and **le** come together, they join up to become **du**.
  Elle joue **du** piano. *She plays the piano.*

How would you say that you are going **to** these places?

Je vais …

1	_au_ cinéma. (m)	**5**	_____ hôpital.	**8**	_____ poste. (f)
2	_____ magasins.	**6**	_____ toilettes.	**9**	_____ restaurant. (m)
3	_____ collège. (m)	**7**	_____ supermarché.	**10**	_____ match de foot. (m)
4	_____ gare. (f)				

The verb **jouer** is followed by **à** when you are talking about playing a sport or game.
Je joue **au** foot. (**à** + **le**)

Jouer is followed by **de** when talking about playing a musical instrument.
Je joue **du** piano. (**de** + **le**)

Choose the correct ending for the sentences.

1 Je joue au (foot/violin).
2 On joue du (rugby/piano).
3 Elles jouent au (basket/saxophone).
4 Je joue de la (trompette/rugby).
5 Tu joues au (foot/clavier électronique)?

6 Nous jouons de la (squash/flûte).
7 Ils jouent au (clarinette/badminton).
8 Je joue de la (batterie/tennis de table).
9 Nous jouons au (trombone/Scrabble).
10 Vous jouez de la (guitare/cricket)?

4.4 Intensifiers

Intensifiers are words placed before adjectives to make them stronger or weaker.

très	*very*	Mon professeur est **très** sympa.
assez	*quite*	*My teacher is **very** nice.*
un peu	*a little bit*	L'histoire est **trop** difficile.
trop	*too*	*History is **too** difficult.*

Put the sentences in order, starting with the one which is the most positive about French.

1 Le français est un peu ennuyeux.
2 Le français est très ennuyeux.
3 Le français est très intéressant.
4 Le français est assez ennuyeux.
5 Le français est assez intéressant.

Now do the same for these opinions about the teacher.

6 Le prof est très sévère.
7 Le prof est très sympa.
8 Le prof est assez sévère.
9 Le prof est un peu sévère.
10 Le prof est assez sympa.

4.5 Connectives

Connectives are used to join up phrases and sentences.

et	*and*
mais	*but*
parce que	*because*
d'abord	*first of all*
puis	*then*
ensuite	*then*

Improve this piece of writing by using a different connective to join up each pair of sentences.

1 Mon frère s'appelle Tobias./Il a dix ans.
2 Il est amusant./Il est stupide aussi.
3 Il est fanatique d'Arsenal./Il adore le foot.
4 Tous les matins, il se lève./Il se douche.
5 Il prend le petit déjeuner./Il se brosse les dents.

SECTION 5 Extras

5.1 The alphabet

Here is a rough guide to how the letters of the alphabet sound in French.

A	AH	H	ASH	O	OH	V	VAY
B	BAY	I	EE	P	PAY	W	DOOBL-VAY
C	SAY	J	DJEE	Q	COO	X	EEX
D	DAY	K	KAH	R	ERR	Y	EE-GREK
E	EUH	L	ELL	S	ESS	Z	ZED
F	EFF	M	EM	T	TAY		
G	DJAY	N	EN	U	OO		

5.2 Accents

It is very important to remember accents when you are writing in French.

Accents are written above vowels.

é an **acute accent** (un **accent aigu**)
Acute accents only occur on the letter **e**.

è a **grave accent** (un **accent grave**)
Grave accents can occur on the letters **a**, **e** or **u**.

ê a **circumflex** (un **circonflexe**)
You can find a circumflex on **a**, **e**, **i**, **o** or **u**.

ç a **cedilla** (un **cédille**)
Cedillas only occur on the letter **c**.

Copy each sentence, paying special attention to the accents.

1 Mon prof de français est à Paris.
2 Ça va, Valérie?
3 L'éléphant a mangé le gâteau.
4 Mon hôtel préféré est fermé.
5 Astérix et Obélix préfèrent le cinéma à la pêche.

5.3 Numbers

1	un	13	treize	50	cinquante
2	deux	14	quatorze	60	soixante
3	trois	15	quinze	70	soixante-dix
4	quatre	16	seize	71	soixante et onze
5	cinq	17	dix-sept	72	soixante-douze
6	six	18	dix-huit	80	quatre-vingts
7	sept	19	dix-neuf	81	quatre-vingt-un
8	huit	20	vingt	82	quatre-vingt-deux
9	neuf	21	vingt et un	90	quatre-vingt-dix
10	dix	22	vingt-deux	91	quatre-vingt-onze
11	onze	30	trente	92	quatre-vingt-douze
12	douze	40	quarante	100	cent

5.4 Days

lundi	*Monday*
mardi	*Tuesday*
mercredi	*Wednesday*
jeudi	*Thursday*
vendredi	*Friday*
samedi	*Saturday*
dimanche	*Sunday*

lundi *on Monday*
lundi je vais au café.
On Monday I am going to the cafe.

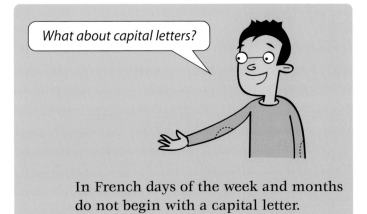

What about capital letters?

In French days of the week and months do not begin with a capital letter.

5.5 Dates

janvier	*January*	avril	*April*	juillet	*July*	octobre	*October*
février	*February*	mai	*May*	août	*August*	novembre	*November*
mars	*March*	juin	*June*	septembre	*September*	décembre	*December*

le 12 février — *on the 12th of February*
On va en France le 3 août. — *We are going to France on the 3rd of August.*
le premier mai — *the 1st of May*

5.6 Times

sept heures	*seven o'clock*
sept heures dix	*ten past seven*
sept heures et quart	*quarter past seven*
sept heures et demie	*half past seven*
sept heures quarante-cinq	*seven forty-five*
neuf heures moins le quart	*quarter to nine*
midi/minuit	*12 midday/midnight*
Quelle heure est-il?	*What time is it?*
Il est neuf heures.	*It's nine o'clock.*
à dix heures	*at ten o'clock*

VERB TABLES

Regular -er verbs

	Singular		Plural	
jouer	je joue	*I play*	nous jouons	*we play*
to play	tu joues	*you play*	vous jouez	*you play*
	il/elle/on joue	*he/she/it plays, we play*	ils/elles jouent	*they play*

Reflexive verbs

se lever	je me lève	*I get up*	nous nous levons	*we get up*
to get up	tu te lèves	*you get up*	vous vous levez	*you get up*
	il/elle on se lève	*he/she/it gets up we get up*	ils/elles se lèvent	*they get up*

Irregular verbs

avoir	j'ai	*I have*	nous avons	*we have*
to have	tu as	*you have*	vous avez	*you have*
	il/elle/on a	*he/she/it has, we have*	ils/elles ont	*they have*
être	je suis	*I am*	nous sommes	*we are*
to be	tu es	*you are*	vous êtes	*you are*
	il/elle/on est	*he/she/it is, we are*	ils/elles sont	*they are*
aller	je vais	*I go*	nous allons	*we go*
to go	tu vas	*you go*	vous allez	*you go*
	il/elle/on va	*he/she/it goes, we go*	ils/elles vont	*they go*
faire	je fais	*I do/make*	nous faisons	*we do/make*
to do,	tu fais	*you do/make*	vous faites	*you do/make*
to make	il/elle/on fait	*he/she/it does/makes, we do/make*	ils/elles font	*they do/make*

Vocabulaire *français – anglais*

A

il/elle a	he/she has
on a	we have
à	to/at/in
à bientôt	see you soon
à ce soir	see you this evening
à l' (m/f before vowel or 'h')	to the
à la (f)	to the
à mon avis	in my opinion
à neuf heures	at nine o'clock
à plus tard	see you later
à moi	my turn
un accent aigu	an acute accent
un accent grave	a grave accent
d' accord	OK/agreed
acheter	to buy
acheter des articles de sport	to buy sports things
acheter des cadeaux	to buy presents
j' achète	I buy/am buying
actif(-ive)	active
adorable	adorable/cute
adorer	to love
j' adore	I love …
un adulte	adult
affreux(-euse)	awful
l' Afrique	Africa
l' âge (m)	age
quel âge as-tu?	how old are you?
j' ai …	I have …
j' ai (14) ans	I'm (14)
aimer	to like
j' aime	I like
je n' aime pas	I don't like
l' Algérie	Algeria
l' allemand(e)	German
aller	to go
aller à la pêche	to go fishing
aller à la plage	to go to the beach
vous allez	you go/are going
nous allons	we go/are going
les Alpes (fpl)	the Alps
l' alphabet (m)	the alphabet
un ami(e)	a friend
amitiés	lots of love
amusant(e)	amusing/fun
ancien(ne)	former
l' anglais(e)	English
l' Amérique	America
l' Angleterre	England
un animal (des animaux)	an animal (animals)
une année	a year
un anniversaire	un birthday
août	August
un appartement	a flat/an apartment
s' appeler	to be called
je m' appelle …	I am called/my name is …
après	after
l' après-midi (m)	afternoon/in the afternoon
l' arabe	Arabic
une araignée	a spider
un(e) architecte	an architect
l' architecture gothique (f)	gothic architecture
une armoire	a wardrobe
l' arrivée (f)	arrival
tu as ….?	do you have …?
tu as …	you have
assez	quite
as-tu?	do you have …?

les attractions (fpl)	the sights
au (m)	to/in the
au revoir	goodbye
aussi	also
un/une autre	other
aux (pl)	to/in the
avec	with
un avion	aeroplane
avoir	to have
avril	April

B

le bananier	the banana tree
la banque	the bank
la basilique	a large church
le bâteau (pl bâteaux)	boat
le bâtiment	building
bavard(e)	chatty/talkative
une BD (=bande dessinée)	a comic book
beau (m)	handsome/good-looking
beaucoup de…	lots of/ a lot of…
le beau-père	stepfather
la Belgique	Belgium
la bibliothèque	the library
bien	well
c'est bien	it's good
bien sûr	of course
bienvenue	welcome
blanc(he)	white
bleu(e)	blue
blond(e)	blonde
la boisson	drink
des bonbons (mpl)	(some) sweets
bonjour!	hello!
bon(ne)	right/good
bon anniversaire	happy birthday
le bon ordre	the right order
bonne idée	good idea
au bord de la mer	at the seaside
un bouquin	a book
le bowling	the bowling alley
britannique	British
se brosser les dents	to brush your teeth
je me brosse les dents	I brush my teeth
brun(e)	brown (hair)
un bureau	a desk
le bus	bus

C

c'est …	it's …
c'est à qui?	whose is it?
c'est combien?	how much is it?
c'est la vie	that's life
ça fait …	it comes to …
ça m'est égal	I don't mind
ça s'écrit	it's spelt
ça va?	How are you?
ça va bien, merci.	I'm OK, thanks.
ça ne va pas.	I'm not OK.
le café	1) = coffee 2) = the café
une cafétéria	a cafeteria
un cahier	an exercise book
un calcul	a sum
une calculatrice	a calculator
le/la camarade	classmate
le Cameroun	Cameroon
à la campagne	in the country
le camping	1) camping 2) = the campsite
le Canada	Canada
le canapé	sofa
un canard	a duck

la cantine	the canteen
la capitale (de ....)	the capital (of …)
les caractéristiques	personal details
un carnet de textes	a homework diary
la carte	card
une carte d'identité	an identity card
la carte postale	postcard
une cassette	a cassette
une cathédrale	cathedral
une cave	a cellar
un CD	a CD
ce (m) cet infront of a vowel	this
pour célébrer	to celebrate
ce n'est pas mal	it's not bad
le centre commercial	the shopping centre
le centre de loisirs	the leisure centre
le centre de sport	sports centre
le centre-ville	the town centre
le Centre Pompidou	the Pompidou Centre
la chaise	the chair
la chambre	the bedroom
une chanson	a song
chanter	to sing
une chanteuse	a singer (female)
chaque	each
un chat	a cat
un château	a castle
cher … (m)	dear …
chère (f)	dear …
un cheval (des chevaux)	a horse (some horses)
les cheveux (mpl)	hair
chez moi	at my house
chez nous	at our house
un chien	a dog
un chien en peluche	a soft toy dog
un chocolat chaud	a hot chocolate
as-tu choisi?	have you chosen?
j'ai choisi	I have chosen
choisir	to choose
le cinéma	the cinema
en classe	in class
le club	club
le club des jeunes	the youth club
un coca	a cola
un coca light	a diet coke
un cochon	a pig
un cochon d'Inde	a guinea pig
le collège	the school
une colline	a hill
combien (de) …?	how many …?
commencer	to start
comment …?	how/what …?
comment t'appelles-tu?	What is your name?
comment ça s'écrit?	How do you spell that?
comment sont-ils?	What are they like?
le commissariat	the police station
une commode	a chest of drawers
je compte les moutons	I count sheep
consister en ..	to consist of …
une console de jeu	games console
construit(e)	built
mon copain	my friend (male)
les copains	friends/mates
ma copine	my friend (female)
correctement	correctly
un(e) correspondant(e)	a penfriend
la Côte d'Ivoire	The Ivory Coast
se coucher	to go to bed
je me couche	I go to bed
la couleur	colour
courageux(-euse)	brave
un cours	a lesson

le court de tennis	tennis court
court(e)	short
cousin(e)	cousin
coûter	to cost
un crayon	a pencil
la cuisine	the kitchen

D

d' (before vowel or 'h')	from/of
dans	in
la date	date
de	from/of
décembre	December
déjà	already
le déjeuner	lunch
de l' (m/f before vowel or 'h')	some
de la (f)	some
demander	to ask for
mon demi-frère	my half-brother/ my stepbrother
ma demi-sœur	my half-sister/my stepsister
les dents (fpl)	teeth
le début	start/beginning
le départ	departure
un département	department (= administrative division of France, similar to a county in English)
dépenser	to spend (money)
dernier(-ière)	last
derrière	behind
des	some
la description	description
le dessin	art
le détail	detail
je déteste	I hate
deuxième	second
devant	in front of
différent(e)	different
difficile	difficult
(le) dimanche	(on/every) Sunday
il se dit	he says to himself
divisé(e)	divided
tu dois	you must/have to
donc	so/therefore
donner	to give
je me douche	I have a shower
le drapeau	flag
à droite	right/on the right
du (m)	some
dur	hard
le DVD	DVD

E

l' eau (f)	water
un échange	exchange
écouter	to listen
écouter de la musique	to listen to music
l' église	the church
l' elephant (m)	elephant
un(e) élève	a pupil
elle	she
l' emploi du temps (m)	timetable
en	in/to
encore	again, still
encore une fois	once again, one more time
s' endormir	to fall asleep
endroit	place
enfin	finally/at last
ennuyeux(-euse)	boring
entre	between
l' entrée (f)	1) entrance hall 2) = admission

entrer	to enter/go in
envoyer des textos	to send text messages
une équipe (de foot)	a (football) team
tu es	you are
il/elle est	he/she/it is
essaie (de) … (tu command)	try (to) …
et	and
(au 1er) étage	(on the first) floor
une étagère	a bookshelf
en été	in summer
(le train) est en retard	(the train) is late
l'étude	supervised study time
un euro	euro
des expositions (fpl)	exhibitions

F

facile	easy
faire du bowling	to go bowling
faire du camping	to go camping
faire du canoë	to go canoeing
faire la cuisine	to do the cooking
faire de la danse	to go dancing
faire de l'équitation	to go horseriding
faire de la gymnastique	to do gymnastics
faire du judo	to do judo
faire les magasins	to go shopping
faire de la natation	to swim
faire du patin à glace	to go ice-skating
faire de la planche à voile	to go windsurfing
faire du roller	to go rollerblading
faire du skate	to go skateboarding
faire du ski	to go skiing
faire du sport	to do sport
faire du vélo	to go cycling
faire de la voile	to go sailing
faire du VTT (vélo tout terrain)	to go mountain biking
faire une promenade à vélo	to go on a bike ride
je fais mes devoirs	I do my homework
je fais la vaisselle	I do the washing-up
la famille	family
un fanta	a fanta
le/la fana	fanatic/enthusiast
fantastique!	great!
le fast-food	fast food restaurant
fatigant(e)	tiring
fatigué(e)	tired
faux(-sse)	wrong/false
féminin	feminine
la fenêtre	the window
une ferme	a farm
fermé(e)	closed
fermez	close
la fête foraine	the funfair
la fête nationale	national holiday
février	February
le film	film
une fille	a girl
fille unique	an only child (female)
fils unique	an only child (male)
la fin	end/finish
finalement	finally/lastly
finir	to finish
(une) fois	once
(deux) fois	twice
le footballeur	footballer
français(e)	French
le français	French (subject/language)
la France	France

francophone	French-speaking
frisé(e)	curly
un frère	a brother
(une portion de) frites (fpl)	(a portion of) chips
le fromage	cheese

G

gagner	to win
il gagne beaucoup d'argent	he earns a lot of money
la galérie d'art	art gallery
le garage	the garage
un garçon	a boy
la gare (SNCF)	the station
un gâteau	a cake
à gauche	left/on the left
gentil(le)	nice/kind
la géographie	geography
le Ghana	Ghana
une glace	an ice-cream
une glace à la fraise	a strawberry ice-cream
une gomme	a rubber
gourmand(e)	greedy
grand(e)	tall/big
la Grande-Bretagne	Great Britain
la grande ville	city
ma grand-mère	my grandmother
mon grand-père	my grandfather
une grande salle (multisports)	a sports hall
mes grands-parents (pl)	grandparents
gratuit(e)	free
gris(e)	grey
gros(se)	fat
un groupe	a band/group
la Guadeloupe	Guadeloupe
la Guinée	Guinea
la Guyane	Guiana

H

habiter	to live
j'habite	I live
un hamburger	a hamburger
un hamster	a hamster
le handball	handball
l'heure (f)	hour
l'heure du déjeuner	the lunch hour
des heures supplémentaires	overtime
l'histoire (f)	history
l'histoire-géo	humanities
en hiver	in winter
le hockey	hockey
l'hôpital (m)	the hospital
un hot-dog	a hot dog
l'hôtel (m)	the hotel

I

ici	here
il	he
il est	it is
il est huit heures et quart/demie	it is quarter/half past eight
il est midi	it's midday
il est minuit	it's midnight
il y a	there is/there are …
une image	picture
inconnu(e)	unknown
une infirmière	a nurse (female)
l'informatique	IT
un instrument	instrument
intelligent(e)	intelligent
intéressant(e)	interesting

l' Italie	Italy

J

j'adore ça.	I love that.
j'ai …	I have …
j'ai (14 ans)	I'm 14
j'aime bien ça	I like that
janvier	January
le jardin	garden
jaune	yellow
je	I
je l'aime …	I like him/her/it …
je m'habille	I get dressed
je n'ai pas d'animal.	I don't have a pet.
je n'aime pas …	I don't like …
je ne sais pas.	I don't know.
un jean	a pair of jeans
le jeu	game/sport
(le) jeudi	(on/every) Thursday
les jeux vidéo	video games
joli(e)	pretty/nice
jouer	to play
jouer au baby-foot	to play table football
jouer au billard	to play snooker
jouer au basket	to play basketball
jouer de la batterie	to play the drums
jouer aux cartes	to play cards
jouer au clavier	to play the keyboard
jouer aux échecs	to play chess
jouer au flipper	to play pinball
jouer au foot(ball)	to play football
jouer au golf	to play golf
jouer de la guitare (électrique)	to play the (electric) guitar
jouer au hockey sur glace	to play ice hockey
jouer du piano	to play the piano
jouer du saxophone	to play the saxophone
jouer de la trompette	to play the trumpet
jouer du violon	to play the violin
je ne joue pas d'instrument	I don't play an instrument
jouer sur l'ordinateur	to play on the computer
un joueur	a player
le jour	the day
le/la journaliste	the journalist
la journée scolaire	the school day
juillet	July
juin	June
les jumeaux (mpl)	twins (male or mixed)
les jumelles (fpl)	twins (female)
le jus d'orange	orange juice

L

l' (m/f before vowel or "h")	the
la (f)	the
une lampe	a lamp
un lapin	a rabbit
se laver	to have a wash
une leçon	a lesson
la lecture	reading
les (pl)	the
la lettre	letter
leur(s)	their
se lever	to get up
libre	free
une limonade	a lemonade
lire	to read
la liste	list
un lit	a bed
un livre	a book
les loisirs	leisure-time activities
Londres	London
long(-ue)	long

le Louvre	the Louvre
(le) lundi	(on/every) Monday
des lunettes (fpl)	glasses
de luxe	luxury
le Luxembourg	Luxembourg

M

ma (f)	my
le McDo	McDonald's, fast-food restaurant
Madagascar	Madagascar
madame …	Mrs
le magasin de sport	the sports shop
le magasin de vélos	the bike shop
les magasins (mpl)	the shops
le magnétophone	the tape recorder
mai	May
mais	but
une maison	house
une maison jumelle	a semi-detached house
une grande maison	a large house
une petite maison	a small house
mal	badly
maladroit(e)	clumsy
maman	mum
manger	to eat
je mange	I eat/I am eating
manger au resto	to eat in a restaurant
le marché	the market
(le) mardi	(on/every) Tuesday
son mari	her husband
le Maroc	Morocco
marrant(e)	funny
marron	brown (eyes)
mars	March
la Martinique	Martinique
masculin	masculine
un match	a match
les maths	maths
une matière	a subject
les matières scolaires	school subjects
le matin	morning/in the morning
la Mauritanie	Mauritania
une médiathèque	a multimedia library
même(s)	same
la mer	the sea
merci	thank you
(le) mercredi	(on/every) Wednesday
ma mère	my mother
mes (pl)	my
un message	a message
il met un tee-shirt	he puts on a T-shirt
un métier	a career/profession
mi	mid
mi-long(-ue)	medium-length
mignon(ne)	cute/sweet
un milkshake (à la fraise)	a (strawberry) milkshake
la minute	minute
moche	horrible/ugly
moderne	modern
moins le quart	quarter to…
moins vingt/dix	twenty to/ten to
le mois	month
mon (m)	my
monsieur …	Mr …
le mot	word
à la montagne	in the mountains
un monument	a monument
la moquette	the carpet
le mur	the wall
le musée	the museum
la musique	the music

N

	nager	to swim
la	natation	swimming
	ne … pas	not (used for making a verb negative)
être	né(e)	to be born
je suis	né	I was born (male)
	ni	neither
	noir(e)	black
un	nom	a surname
le	nombre	number
	non	no
le	nord de la France	the north of France
	normalement	normally/usually
	notre (m/f)	our
	nouveau (m)	new
	nouvel (m, before a vowel or 'h')	new
	nouvelle (f)	new
la	Nouvelle Calédonie	New Caledonia
	novembre	November
	nul	rubbish
un	numéro	a number
un	numéro de téléphone	a telephone number

O

	octobre	October
un	oiseau (des oiseaux)	a bird (birds)
	on	we
	orange	orange
un	orangina	orangina
un	ordinateur	a computer
d'	origine (africaine)	of African origin
	ou	or
	où	where
	où est …	where is?
	où sont …	where are …?
	oublier	to forget
	oui	yes
	ouvrez	open

P

tu	paies	you pay
le	pain	bread
un	palais	a palace
le	papa	dad
les	papiers	papers
	par	by
	par exemple	for example
	par jour	per day
le	paragraphe	paragraph
le	parc	the park
	parce que	because
la	page	the page
	parler (de)	to talk (about)
mes	parents (pl)	my parents
le	parking	the car park
un/une	partenaire	a partner
	pas de problème	no problem
	pas mal	so-so
	passer des heures	to spend hours
	passer une semaine	to spend a week
	passer les vacances	to spend the holidays
ma	passion	my passion
la	patinoire	the ice-rink
	pauvre	poor
	payer	to pay
un	pays	a country
la	peinture	the painting
… en	peluche	a soft toy …
	pendant	during
une	pendule	a clock
j'ai	perdu …	I've lost …
mon	père	my father

la	perruque	the wig
la	personne	person
	petit(e)	small/short
un	peu	a little bit
on	peut	we can
la	phrase	the sentence
une	pièce	a room
un	pilote	a pilot
le	ping-pong	table tennis
la	piscine	the swimming pool
la	pizza	pizza
la	plage	the beach
la	planète	the planet
	plein de choses	loads of things
un	poisson	a fish
un	poisson rouge	a goldfish
	populaire	popular
un	portable	a mobile phone
la	porte	the door
un	porte-monnaie	a purse
	porter	to wear
	porter des lunettes	to wear glasses
une	portion de frites	a portion of chips
la	poste	the post office
un	poster	a poster
	pour	for
	pour cent	percent
	pourquoi?	why?
	pratiquer des sports	to do sports
	préféré(e)	favourite
	préférer	to prefer
	premier	first
au	premier étage	on the first floor
le	premier mars	the first of March
le	premier ministre	the prime minister
	prendre le petit déjeuner	to have breakfast
	prendre le goûter	to have a snack
	prenez	take
un	prénom	a first name
	préparer	to prepare
	préparer le dîner	to prepare dinner
	presque tous les jours	almost every day
un	prix	price
un	problème	a problem
	prochain(e)	next
le	professeur/prof	the teacher
le	professeur d'éducation physique	PE teacher
le	programme	plan/syllabus
	puis	then
une	pyramide	pyramid
les	Pyrénées (fpl)	the Pyrenees

Q

	quand	when
un	quart	a quarter
	que …?	what …?
	Que fais-tu le soir?	What do you do in the evening?
	que penses-tu …?	what do you think …?
le	Québec	Quebec
	quel(le) …?	which/what …?
	quel âge as-tu?	how old are you?
	quelle heure est-il?	what time is it?
	quelqu'un	someone
	qu'est-ce que c'est?	what's this?
	qu'est-ce qu'il y a …	what is there?
	quelquefois	sometimes
la	question	the question
	qui	who/which
	qui est-ce?	who is it?
	quitter	to leave

R

le radio-réveil	*alarm-clock radio*
ranger	*to tidy (up)*
ranger la cuisine	*to tidy up the kitchen*
le rat	*rat*
la récréation	*break*
réel(le)	*real*
un refrain	*a chorus*
regarder	*to watch/look at*
regarder la télé	*to watch TV*
une règle	*a ruler*
la rentrée	*back-to-school*
rentrer à la maison	*to return home*
la réponse	*the answer*
le reste de …	*the rest of …*
rester	*to stay*
le rétroprojecteur	*overhead projector*
je me réveille	*I wake up*
la révolution française	*the French revolution*
au rez-de-chaussée	*on the ground floor*
les rideaux (mpl)	*curtains*
la rivière	*river*
le robot	*robot*
le rock	*rock music*
rose	*pink*
rouge	*red*
roux	*red/ginger*
le rugby	*rugby*
rusé(e)	*cunning*

S

s'il vous plaît	*please (formal)*
sa (f)	*his/her*
un sac	*a bag*
la Saint-Valentin	*Valentine's Day*
la salle à manger	*dining room*
la salle de bains	*bathroom*
le salon	*the living room*
salut!	*hi!*
(le) samedi	*(on/every) Saturday*
un sandwich (au jambon/ au fromage)	*a (ham/cheese) sandwich*
sarcastique	*sarcastic*
les sciences	*science*
la seconde	*the second*
la semaine	*the week*
la Sénégal	*Senegal*
septembre	*September*
un serpent	*a snake*
ses (pl)	*his/her*
sévère	*strict*
si tu veux	*if you want*
situé(e)	*situated*
le skate	*skateboarding*
le ski	*skiing*
sociable	*sociable*
une sœur	*a sister*
le soir	*evening/in the evening*
le soleil	*the sun*
son (m)	*his/her*
sonner	*to ring/go off (alarm)*
une souris	*a mouse*
sous	*under*
le sport	*PE/sport*
sportif(-ive)	*sporty*
le stade	*the stadium*
une star de rock	*a rock star*
stressant(e)	*stressful*
strict(e)	*strict*
stupide	*stupid*
un stylo	*a pen*
le sud de la France	*the south of France*
je suis	*I am*

je me suis fait mal	*I've hurt myself*
la Suisse	*Switzerland*
super!	*great!*
le supermarché	*the supermarket*
sur	*on*
surfer sur l'internet	*to surf on the internet*
surtout	*especially*
je suppose	*I suppose*
un symbole	*a symbol*
sympa	*nice*

T

ta (f)	*your (informal)*
le tabac	*the newsagent's*
la table	*the table*
le tableau blanc	*the whiteboard*
de taille moyenne	*of medium height*
ma tante	*my aunt*
tard	*late*
plus tard	*later*
la technologie	*technology*
un tee-shirt	*T-shirt*
la télé	*TV*
télécommandé(e)	*remote-controlled*
téléphoner à	*to telephone*
le tennis	*tennis*
le tennis de table	*table tennis*
terminé(e)	*finished*
tes (pl)	*your (informal)*
des textos	*text messages*
un thé	*a tea*
le théâtre	*drama (school subject)*
timide	*shy*
un toboggan géant	*a giant slide*
toi	*you (informal)*
les toilettes (fpl)	*the toilets*
ton (m)	*your (informal)*
une tortue	*a tortoise*
toujours	*always*
le tour	*tour*
la Tour Eiffel	*the Eiffel Tower*
touriste (m/f)	*tourist*
tourner	*to turn*
tu tournes	*you turn (informal)*
vous tournez	*you turn (formal)*
tournes à gauche/droite	*turn left/right (informal)*
tous (m)	*all*
tous les jours	*every day*
toute (f)	*all*
tout de suite	*straight away*
tout droit	*straight on*
une tranche (de pizza)	*a slice (of pizza)*
travailler	*to work*
très	*very*
le tricolore	*the tricolore (the French flag)*
trop	*too*
une trousse	*a pencil case*
trouver	*to find*
tu	*you (informal)*
la Tunisie	*Tunisia*

U

un	*one*
un/une	*a*
l' usine (f)	*factory*
utiliser	*to use*

V

il/elle va	*he/she goes/is going*
on va	*we go/are going*
les vacances (fpl)	*the holidays*
je vais	*I go/am going*
tu vas	*you go/are going (informal)*
un vélo	*a bike*

(le) vendredi	*(on/every) Friday*
vérifier	*to check*
vers	*around*
vert(e)	*green*
une victoire militaire	*a military victory*
une vidéo	*a video*
tu viens?	*are you coming?/*
	do you want to come?
vieux (m)/vieille (f)	*old*
un village	*a village*
une ville	*a town*
visiter des châteaux	
et des musées	*to visit castles and museums*
vite	*quickly/fast*
voici …	*here is/are …*
me voici	*here I am*
voilà …	*that is/those are …*
voir	*to see*
la voiture	*the car*
le volley(ball)	*volleyball*
ils vont	*they go/are going*
je voudrais	*I would like*
vrai	*true/correct*
vraiment	*really/very*

W

le week-end	*weekend/at the weekend*

Y

les yeux (mpl)	*eyes*

Vocabulaire *anglais – français*

A

a	un/une
active	actif(-ive)
agreed	d'accord
also	aussi
I am ..	je suis
I am (11)	j'ai (11) ans
and	et
animal	un animal
April	avril
are there?	est-ce qu'il y a …?
you are …	tu es …
art	le dessin
August	août

B

badly	mal
bag	le sac
bank	la banque
basketball	le basket
bathroom	la salle de bains
beach	la plage
because	parce que
bed	le lit
to go to bed	se coucher
bedroom	la chambre
behind	derrière
big	grand(e)
bike shop	le magasin de vélos
bird	un oiseau
birthday	un anniversaire
a little bit	un peu
black	noir(e)
blue	bleu(e)
book	le livre/le bouquin
bookshelf	une étagère
boring	ennuyeux(-euse)
to go bowling	faire du bowling
bowling alley	le bowling
break	la récréation
to have breakfast	prendre le petit déjeuner
brother	le frère
brown	brun(e) (hair)/marron (eyes)
to brush your teeth	se brosser les dents
but	mais

C

café	le café
calculator	une calculatrice
I am called	je m'appelle …
to go camping	faire du camping
to go canoeing	faire du canoë
canteen	la cantine
capital of	la capitale de …
car park	le parking
to play cards	jouer aux cartes
carpet	la moquette
cat	le chat
chair	la chaise
chatty	bavard(e)
to play chess	jouer aux échecs
chest of drawers	la commode
church	l'église (f)
cinema	le cinéma
city	une grande ville
coffee	un café
are you coming? (informal)	tu viens?
computer	un ordinateur
to do the cooking	faire la cuisine
correct	vrai
in the country	à la campagne

curly	frisé(e)
curtains	les rideaux
to go cycling	faire du vélo

D

to go dancing	faire de la danse
December	décembre
desk	le bureau
difficult	difficile
dining-room	la salle à manger
dinner	le dîner
dog	le chien
door	la porte
drama	le théâtre
to get dressed	s'habiller

E

easy	facile
to eat	manger
English	l'anglais(e)
especially	surtout
(in the) evening	(le) soir
every day	tous les jours
exercise book	le cahier

F

false	faux/fausse
farm	la ferme
father	le père
favourite	préféré(e)
February	février
to finish	finir
the first of (March)	le premier (mars)
fish	le poisson
to go fishing	aller à la pêche
flat	un appartement
on the (first) floor	(au) premier étage
football	le foot
France	la France
French	le français
(on) Friday	(le) vendredi
friend (male)	un ami/un copain
friend (female)	une amie/une copine
friends	les copains
in front of	devant
fun	amusant(e)
funfair	la fête foraine
funny	marrant(e)

G

garage	le garage
garden	le jardin
geography	la géographie
to get up	se lever
ginger (hair)	(les cheveux) roux(-sse)
to go (to school)	aller (au collège)
it's good	c'est bien
good idea	bonne idée
goodbye	au revoir
grandfather	le grand-père
grandmother	la grand-mère
grandparents	les grands-parents
great!	super! fantastique!
greedy	gourmand(e)
green	vert(e)
grey	gris(e)
on the ground floor	au rez-de-chaussée
guinea pig	le cochon d'Inde
to do gymnastics	faire de la gymnastique

H

hair	les cheveux (mpl)
half-brother	le demi-frère
half-sister	la demi-sœur
hall	l'entrée (f)
ham	le jambon
hamburger	un hamburger
hamster	un hamster
hard	difficile
he/she has	il/elle a …
to hate	détester
to have	avoir
I have	j'ai …
I don't have	je n'ai pas…
we have	on a
you have (informal)	tu as
he	il
hello!	bonjour!
here is/here are …	voici …
hi!	salut!
history	l'histoire (f)
holidays	les vacances (fpl)
to do homework	faire les devoirs
homework diary	le carnet de textes
horse	le cheval
to go horseriding	faire de l'équitation
hospital	l'hôpital (m)
hot-dog	un hot-dog
to go home	rentrer à la maison
hotel	l'hôtel (m)
hour	une heure
house	la maison
a small house	une petite maison
a semi-detached house	une maison jumelle
a large house	une grande maison
how are you?	ça va?
how much is it?	c'est combien?
how old are you?	quel age as-tu?

I

I	je
I am ..	je suis
I am (11)	j'ai (11) ans
ice-cream	une glace
ice-hockey	le hockey sur glace
ice-rink	la patinoire
to go ice-skating	faire du patin à glace
in (France)	en (France)
in (my bedroom)	dans (ma chambre)
instrument	un instrument
interesting	intéressant(e)
is there …?	est-ce qu'il y a…?
IT	l'informatique (f)
it's eight o'clock	il est huit heures
it's twenty past (seven)	il est (sept) heures vingt
it's twenty to (seven)	il est (sept) heures moins vingt
it's five past (seven)	il est (sept) heures cinq
it's five to (seven)	il est (sept) heures moins cinq
it's ten past (seven)	il est (sept) heures dix
it's ten to (seven)	il est (sept) heures moins dix
it's a	c'est un/une

J

January	janvier
July	juillet
June	juin

K

kitchen	la cuisine

L

lamp	une lampe
lazy	paresseux(-eusse)
on the left	à gauche
leisure activities	les loisirs
lemonade	la limonade
a lesson	un cours
library	la bibliothèque
I like …/I don't like …	j'aime …/je n'aime pas …
to listen to music	écouter de la musique
to live	habiter
living room	le salon
loads of	plein de
long	long(-ue)
to look at	regarder
lots of	beaucoup de
I love …	j'adore
the lunch hour	l'heure du déjeuner

M

March	mars
market	le marché
maths	les maths
May	mai
medium height	de taille moyenne
medium-length	mi-long(-ue)
I don't mind	ça m'est égal
mobile phone	le portable
(on) Monday	(le) lundi
my mother	ma mère
to go mountain biking	faire du VTT
in the mountains	à la montagne
mouse	la souris
museum	le musée
music	la musique
my	mon/ma/mes (m/f/pl)

N

newsagent's	le tabac
nice	sympa
no	non
no problem	pas de problème
not bad	pas mal
November	novembre

O

October	octobre
OK (agreement)	d'accord
I'm okay	ça va
it's okay	ça va
on	sur
once	une fois
one	un/une
on y va …	we go there …
only child (female)	fille unique
only child (male)	fils unique
in my opinion	à mon avis
orange	orange
orange juice	le jus d'orange
overhead projector	le rétroprojecteur

P

parents	les parents
park	le parc
PE	le sport
pen	le stylo
pencil	le crayon
pencil case	la trousse
to phone (friends)	téléphoner à (des copains)
to play the drums	jouer de la batterie
to play the electric guitar	jouer de la guitare électrique
to play football	jouer au foot
to play the keyboard	jouer du clavier
to play the piano	jouer du piano
to play pinball	jouer au flipper
to play table football	jouer au baby-foot
to play the trumpet	jouer de la trompette
please (informal)	s'il te plaît
post office	la poste

a poster of …	un poster de…
to prepare (dinner)	préparer (le dîner)
purse	le porte-monnaie

Q

it's quarter past (five)	il est (cinq) heures et quart.
it's quarter to (five)	il est (cinq) heures moins le quart.
quite	assez

R

rabbit	le lapin
reading	la lecture
really	vraiment
red	rouge
on the right	à droite
rubber	la gomme
it's rubbish	c'est nul
rugby	le rugby
rule	la règle

S

to go sailing	faire de la voile
sandwich	le sandwich/la baguette
(on) Saturday	(le) samedi
to go to school	aller au collège
science	les sciences
at the seaside	au bord de la mer
semi-detached house	une maison jumelle
September	septembre
she	elle
to go shopping	faire les magasins
shopping centre	le centre commercial
the shops	les magasins (mpl)
short	petit(e)
short hair	les cheveux courts
to have a shower	se doucher
shy	timide
sister	la sœur
to go skateboarding	faire du skate
a slice (of pizza)	une tranche (de pizza)
small	petit(e)
to have a snack	prendre le goûter
snake	un serpent
snooker	le billard
it's spelt…	ça s'écrit …
to spend (time)	passer
spider	une araignée
to do sport	faire du sport
sports hall	la salle multisports
sports shop	le magasin de sports
sports things	les articles de sport (mpl)
sporty	sportif(-ive)
stadium	le stade
to start	commencer
station	la gare
to stay	rester
stepbrother	le demi-frère
stepsister	la demi-sœur
story	une histoire
straight on	tout droit
strict	sévère
in summer	en été
sun	le soleil
(on) Sunday	(le) dimanche
supermarket	le supermarché
supervised study time	l'étude
to swim	nager
to go swimming	faire de la natation
swimming pool	la piscine

T

table	la table
table tennis	le tennis de table/le ping-pong
tall	grand(e)
tape recorder	le magnétophone
tea	le thé
teacher	le professeur/le prof
technology	la technologie
to brush your teeth	se brosser les dents
tennis	le tennis
tennis court	le court de tennis
it's terrible	c'est affreux
text message	un texto
thank you	merci
that is	voilà
there is …/there are …	il y a …
there isn't …/ there aren't …	il n'y a pas …
those are	voilà
(on) Thursday	(le) jeudi
to tidy (up)	ranger
the toilets	les toilettes
tortoise	une tortue
town	une ville
true	vrai
(on) Tuesday	(le) mardi
to turn	tourner
TV	une télé
twice	deux fois

U

uncle	un oncle
under	sous

V

very	très
village	le village
to visit	visiter
volleyball	le volley(ball)
really	vraiment

W

to wake up	se réveiller
wall	le mur
wardrobe	une armoire
to have a wash	se laver
to do the washing-up	faire la vaisselle
we can	on peut
(on) Wednesday	(le) mercredi
week	la semaine
well	bien
Where are …?	Où sont …?
Where is …?	Où est …?
Which …?	Quel(le) …?
What …?	Quel(le) …?
white	blanc(he)
whiteboard	le tableau blanc
who	qui
why?	pourquoi?
window	la fenêtre
to go windsurfing	faire de la planche à voile
in winter	en hiver
I would like …	je voudrais …

Y

yellow	jaune
yes	oui
you	tu (informal) vous (formal)

Les instructions

À deux.	*In pairs.*
À tour de rôle.	*Take turns.*
Cherche les mots inconnus.	*Look up words you don't understand.*
Choisis (le bon adjectif)	*Choose (the right adjective)*
Continue.	*Continue.*
Complète les phrases.	*Complete the sentences.*
Copie la grille.	*Copy the grid.*
Copie et complète.	*Copy and complete.*
Corrige l'erreur.	*Correct the mistake.*
Décris (ta chambre).	*Describe (your bedroom).*
Demande à cinq personnes.	*Ask five people.*
Devine (l'animal).	*Guess (the animal).*
Écoute et lis.	*Listen and read.*
Écoute et répète.	*Listen and repeat.*
Écoute et vérifie.	*Listen and check.*
Écris une liste.	*Write a list.*
En groupes.	*In groups.*
Essaie de trouver/deviner.	*Try to find/guess.*
Fais correspondre.	*Match up.*
Fais une liste/des phrases.	*Make a list/sentences.*
Imagine (les details).	*Imagine the details.*
Interviewe ton/ta partenaire.	*Interview your partner.*
Invente d'autres phrases.	*Make up other sentences.*
Jette le dé.	*Throw the dice.*
Joins …	*Join …*
Lis, écoute et chante!	*Read, listen and sing!*
Mets les mots dans le bon ordre.	*Put the words in the right order.*
Note (le prénom).	*Note down (the first name).*
Pose les questions à ton/ta partenaire.	*Ask your partner the questions.*
Prépare (une liste).	*Prepare (a list).*
Présente (ta famille).	*Present (your family).*
Regarde l'image.	*Look at the picture.*
Relie les instructions et les images.	*Join up the instructions and the pictures.*
Relis les textes.	*Re-read the texts.*
Remplace les images par des mots.	*Replace the pictures with words.*
Remplis les blancs.	*Fill in the blanks.*
Réponds aux questions.	*Answer the questions.*
Trouve (les paires).	*Find (the pairs).*
Utilise (les images) pour …	*Use (the pictures) to …*
Vérifie les mots.	*Check the words.*